리더의 철학

영혼의 지도자 **간디에게 배우는**
리더의 철학

박홍규 지음

21세기북스

| 프롤로그 |

리더의 변혁이 시대의 변혁이다

 이 책은 우리 시대의 리더가 갖추어야 할 결곡한 '철학'을 탐구한다. 리더의 철학을 진정성 있는 지도자의 품성, 진리와 진실에 대한 갈구라고 했을 때 이에 가장 부합하는 철학적 자세를 보여 준 리더가 '마하트마 간디'다. 그래서 나는 앞으로 간디의 일생을 '리더'로서의 삶이라는 측면에서 새롭게 살펴볼 것이다. 그에게 어떤 리더십이 있었고 그것이 지금 우리 시대의 새로운 리더에게 어떤 가치를 가져야만 하는지에 대해서 말이다.
 간디는 철학을 위한 철학자는 아니다. 그는 영국의 지배를 받은 인도의 국민이었고 그 평생의 리더십은 인도 독립을 위한 것이었다. 그러나 한국에서는 간디의 추상적 종교성이 과도하게 강조된 반면 정치, 경제, 사회, 문화 등의 구체적 실제성은 과소하게 무시되어 왔다. 간디의 종교성을 무시할 수 없고, 그 실제성 또한 무시할 수 없다. 그는 종교와 정치는 물론 경제, 사회, 문화의 모든 실제적 측면을 아우르는 진짜 리더였다. 단순한 종교인이었다면 리더라고 할 수 없었을 것이다.

그런 간디의 종교 역시도 실험적인 추구의 대상이었지 무조건 숭상하는 절대적인 신앙의 대상은 아니었다. 그가 믿은 힌두교에서 인정하는 카스트제도가 잘못된 것임을 확신했을 때 간디는 가차 없이 이를 비판하고 그로 인한 손해와 적의를 당당하게 감수했다. 그는 종교만이 아니라 모든 것에 대해 정직하게 회의하고 성찰했다. 이는 무엇이든 해보고 난 뒤 그것이 잘못이면 즉각 그것을 거부한다는 자유로운 이성적 실험 정신에 의거한 것이었다. 그것이 그의 진실이었다. 간디는 모든 추구를 자신이 직접 보고 느끼며 만질 수 있는 구체적인 현실에서 출발했고 그로부터 끝없는 관찰과 사색, 회의로 진실을 추구해 가는 단계를 하나하나 밟아 갔다. 한 걸음 한 걸음 천천히 나아갔다. 따라서 그는 국가든 종교든 어떤 기성의 제도나 가치에 절대로 맹종하지 않고 회의하는 실험 정신으로, 자신의 인격적 책임을 주체적으로 강하게 인식하면서 어떤 두려움도 없이 자발적으로 용기 있게 일을 처리해 가며 그 결과에 따른 책임을 기꺼이 졌다.

따라서 우리가 배워야 하는 간디의 리더 철학은 회의 정신과 실험 정신을 기본으로 하는 진실성 추구의 태도, 이를 언제나 자신의 주체적 각성을 통해 실천해 나가는 태도이다. 그리고 주어진 기성의 절대적인 가치가 아닌, 현존하는 다양한 상대적 가치들을 인정하고 그것들로부터 하나의 보편성을 찾아 새로운 공통의 공공성을 확보하는 태도, 이를 위한 방법으로서의 철저한 비폭력의 태도, 나아가 그 추구를 위한 철저한 실용성의 태도일 것이다. 간디는 그러한 태도를 자신뿐만 아니라 모든 사람들에게 요구하고 결국은 그렇게 변하게 한 점에서 참으로 진정한 리더였다. 대부분의 리더가 자신의 탁월함이나 위대함만을 보여 주는 반면, 간디는 자신이 추구하는 바를 모든 사람들과 공유하고자 했다. 그렇기 때문에 그는 그것을 보편적인 진실이라고 자신했다. 때문에 우리는 간디야말로 유일하게 진정한 리더라고 볼 수 있다.

간디가 보여 준 독특한 '리더의 철학'을 일반적인 리더의 철학으로 볼 수 없을지도 모른다. 하지만 정치만이 아니라 경제나 경영 영역에서도 간디의 '리더 철학'은 이미 오래전부터 주목되어 왔다. 미국을 비롯한 여러 나라에서 간디는 권력욕이나 부패와의 단절을 강조하는 리더 세미나에 단골손님으로 등장해 왔다. 간디가 실천으로 보여 준 자질들, 예를 들어 개인의 책임, 진실, 사랑, 사람을 공경하는 마음가짐과 용기 등은 우리의 직업과 사회생활 전반에 걸쳐 적용해 볼 수 있다는 견해도 정치학이나 행정학, 경영학에서 오래전부터 제기되어 왔다. 가령 간디를 모범으로 하는 서번트 리더십(servant leadership)은 《포춘》이 선정한 '일하기 좋은 100대 기업' 중 3분의 1 이상이 도입하고 있는 것이다.

시종이나 하인의 리더십을 뜻하는 서번트 리더십을 섬김의 리더십, 인간 중심 리더십이라고도 한다. 이는 타인을 위한 봉사에 초점을 두고 종업원, 고객 및 지역을 우선으로 여기며 그들의 욕구를 만족시키기 위해 헌신하는 리더십으로서 경청, 공감, 치유, 종업원들을 위해 자원을 관리해 주는 스튜어드십, 종업원들의 성장을 위한 노력, 공동체 형성을 특징으로 한다. 여기서 종업원이나 고객이란 정치의 경우 국민이나 시민이나 주민에 해당할 것이다.

따라서 우리가 흔히 말하는 리더십인 권력과 권위로 사람들 위에 군림하는 독재적이고 강권적인 리더십과는 전혀 다르다. 그런 리더십은 권위주의 시대의 '낡은' 리더들에게서 얼마든지 볼 수 있었다. 그러나 그런 시대는 끝났다. 정치와 기업, 심지어 학교나 가정에서도 그런 낡은 리더는 더 이상 환영받지 않는다. 그런 부모, 그런 교사, 그런 경영인, 그런 정치가는 더 이상 설 자리가 없다. 우리가 민주주의라고 하는 것은 무엇보다도 먼저 그런 독재자를 거부하는 것이다. 그러나 이는 정치적 독재만이 아니라 가정, 학교, 직장, 지역 등 모든 생활 영역의 독재자를 거부하는 것이다.

이명박 정권은 출범하면서도 그런 유행을 따른 탓인지 '매우 낮은 자세로 국민을 섬기겠다'고 했다. 꼭 그런 표현을 하지 않았다고 해도 역대 대통령은 그 비슷한 봉사정신을 자신들의 '리더 철학'으로 강조했을 것이다. 그러나 실제로 그러했는가? 그것이 화려한 구호로 그치지 않고 실제로 실천되었는가? 그렇지 못했다는 것은 누구나 다 아는 사실이다. 우리의 대통령은 여전히 소통이 아니라 군림하는 대통령이다. 엄격한 유교적 가부장 질서와 전제적 사고를 가진 권위주의적 낡은 리더였다. 앞뒤가 맞지 않는 이중적 기준에 의해 자기 정파에만 유리하게, 부자를 비롯한 소수의 이익을 위해서만 정치를 했다. 국민의 목소리를 경청하기는커녕 철저히 막았다. 그래서 국민과 소통하기보다는 철저한 불통으로 일관하고 국민의 목소리를 언제나 오해라고 일축했다. 또 국민의 고통을 치유하기보다 그 원망을 더욱 강화시켰을 뿐이었다.

왜 그런가? 적어도 1987년 이후 민주주의를 한다고 그렇게 노력해 왔는데 왜 또다시 이러는가? 이는 대통령 직선제 등의 정치 민주화만으로는 민주주의를 이룰 수 없기 때문이다. 경제, 사회, 문화, 종교 등 모든 영역이 여전히 비민주적인 풍토에서 정치의 민주화가 이룩될 수 없다. 궁극적으로 우리 개개인이 민주화되지 않고서는 민주주의란 불가능하다. 간디는 개개인이 민주화되지 못한 상황에서 민족의 독립은 무의미하다고 주장하고 개개인의 민주화를 위해 평생 노력했다. 그가 아슈람을 만들어 공동체를 실험하고 마을 민주주의를 주장하며 『바가바드기타』를 비롯한 인도 고전을 재해석한 것도 바로 개인의 민주화를 실현하기 위한 노력이었다. 그 노력은 마침내 20세기 초반 히틀러나 무솔리니 같은 독재자에 대항하는 리더의 철학을 전 세계에 퍼뜨렸다.

그래서 대통령만이 아니라 모든 공무원, 모든 기업인, 기타 모든 영역의 지도자급에 있는 사람들이 섬김과 봉사를 핵심으로 하는 인간 중심적인 것이어야 한다는 것은 이제 세계적인 경향이 되었다. 그러나 간디의 '리더 철학'을 서번트 리더십만으로 보는 것에는 문제가 있다. 또 간디에 대한 책은 많지만 참된 리더상으로서 그와 그의 '리더 철학'을 제대로 설명한 책도 없다. 『경영자 간디』와 같은 번역서가 있지만 간디의 '리더 철학'을 보여 주기에는 역부족이고 그밖에 많은 평전들도 간디를 신비화 내지 이상화하는 데 급급하다.

나는 간디의 리더 철학을 진실성, 주체성, 공공성, 평화성, 실용성, 세계성이라는 여섯 가지로 본다. 다른 무엇보다도 첫째, 리더는 진실하고 정직해야 한다. 진실은 어떤 고매하고 추상적인 원리가 아니라 구체적인 회의와 실험과 모험에서 찾을 수 있다. 특히 공산주의니 자본주의니 하는 추상적인 원리에 매여 수십 년간 민족을 도탄에 빠뜨린 짓은 더 이상 해서는 안 된다. 그것은 외국에서 온 것이어서 주체적이지도 못하고 파당적인 점에서 공공적이지도 않다. 또한 투쟁적인 점에서 평화적이지도 않고 관념적인 점에서 실용적이지도 않으며 국지적인 점에서 세계성도 없다.

진실성은 무엇보다도 진실에 어긋나는 거짓을 일삼는 자는 리더일 수 없음을 뜻한다. 한순간을 속이고 지나갈 수 있을지 몰라도 모든 거짓은 들통 나기 마련이다. 진실이란 무엇보다도 허위나 거짓이 아닌 당당한 것이다. 진실성, 특히 정직성은 리더가 되겠다고 결심한 하루아침에 당장 형성되지 않는다. 평생을 두고 시행착오를 거쳐 가면서 견지해야 하는 근본 덕목이라는 점에서 평생 추구해야 할 리더 철학의 핵심이다. 그리고 나머지 다섯 가지 덕목의 기본이 되는 당당함과 정당성, 열의와 열정, 용기와 투지를 포함한다. 이는 리더가 하는 일에 대한 것이기도 하지만 그 일도 진실한 일이기에 열정과 투지의 대상이 되는 것이다.

따라서 둘째, 당당하고 용기 있는 리더는 주체적이기 마련이다. 주체성이란 노예가 아닌 주인, 지배 대상인 객체가 아닌 주체임을 말한다. 이는 민중적이고 진보적이며 계급 초월적이고 혁명적임을 뜻한다. 리더 자신이 그러해야 함은 물론 민중도 그러해야 한다. 즉, 개인들로 이루어진 민중이 정치, 경제, 사회, 문화의 주체임을 항상 강조하는 것이다. 이는 특히 식민지 상황에서 중요하다. 식민지에서 해방되어도 억압적인 비민주적 상황에서는 여전히 중요하다. 모든 인간이 주체적이라면 그 모든 인간의 다양성과 다원성은 당연히 존중되어 공존해야 한다. 여기서 공존은 통일이나 통합이나 융합이 아니라 융화와 조화를 뜻한다. 그리고 이를 위해서는 상호간의 이성적 토론과 관용이 반드시 필요하다.

셋째, 리더는 공공성을 추구해야 한다. 공공적이지 않으면 리더 자체가 있을 수 없다. 이기적인 사익의 추구나 특수 집단적인 이익의 추구는 리더에게 있을 수 없다. 따라서 리더는 편협하지 않고 전체를 바라보는 통찰력을 가져야 한다. 리더는 공익을 위해 사익을 포기할 수 있어야 하지만 더욱 바람직한 것은 그 둘을 조화시키는 것이다. 간디를 비롯한 많은 리더들은 공익과 사익의 추구에 다양한 모습을 보여 주지만 간디는 특히 아슈람이라는 공동체를 통해 사익을 포기하고 공익을 추구했다. 그래서 언제나 공공성에 충실했다. 그러한 공공성은 결국 공동체의 평화와 복지를 목표로 한다. 특히 간디는 최하층민인 불가촉민의 해방을 위해 노력했다. 나아가 농민과 노동자의 비참한 현실을 개혁했다.

넷째, 리더는 평화를 추구해야 한다. 비폭력, 욕망의 절제, 자발적 가난 등의 진실 추구가 그것이다. 간디의 사상을 보통 비폭력주의라고 하지만 이는 궁극적으로 평화주의다. 평화에 반대되는 전쟁은 탐욕에서 나온다. 탐욕은 절제에 의해서만 극복될 수 있다. 이는 지금까지 간디 사상의 핵심으로 이해되어 왔다. 그럼에도 비노바 바베가 평화적 혁명, 혁명적 평화라고 부른 것이 간디 리더십 사상의 핵심임을 결코 부정할 수는 없다. 이는 단순히 변화만을 뜻하는 것이 아니라 근본적인 변화, 가치관의 변화를 뜻하며 그러한 변화는 평화적으로만 일어날 수 있음을 뜻했다. 그것이야말로 자아를 보다 더 깊고 넓게 실현해 나가는 것이었다. 가령 계급을 비롯한 모든 장벽을 뛰어넘은 노동과 봉사의 정신이다. 간디는 인도 전통에서 가장 천시되는 똥 치우는 일, 옷감 짜는 일, 농사, 목수일 등을 직접 했고 이를 자신의 근본 철학으로 삼았다. 그에게는 고상한 추상적 이론이 아니라 구체적인 막노동의 실천이 바로 철학이었다.

다섯째, 리더는 구체적이고 전략적인 실용을 추구해야 한다. 특히 관념적이거나 교조적이지 않은 실천적 전략 추구의 태도가 중요하다. 이 점은 간디 리더십의 하나로 종래 중시되지 않았다는 점에서 이 책에서 더욱 강조하지만, 내가 이 점을 특히 강조하는 이유는 간디의 길을 따른 우리의 저항 리더십이 전략이 없는 관념적인 이상이었기 때문이다. 이는 우리가 수천 년간 전략이 필요 없는 단일 민족의 농경사회를 살아왔기 때문인지도 모른다. 그래서 관념적 구호만 난무할 뿐 구체적 전략이 없다.

여섯째, 리더는 세계성을 추구해야 한다. 즉, 분파주의적 민족주의가 아닌 보편주의적 세계주의를 지향해야 한다. 무엇보다도 간디는 인도의 정치적 독립만을 추구하지는 않았음을 중시해야 한다. 그는 인도를 비롯한 식민지의 독립이 세계 평화에 직결된다고 생각했다. 따라서 그가 추구한 진실은 세계적인 보편성을 갖는 것이었다. 그래서 그는 세계의 모든 종교와 문명이 진실을 추구하는 인류 보편적인 것이라고 보았다. 한 나라, 한 민족의 폐쇄성에서 벗어나야 한다고 생각했다.

나는 그런 의미에서 지금 이 시대에 우리의 리더로 삼을 수 있는 한 사람이 간디라고 보고 이 책을 썼다. 물론 간디만이 그렇다는 것은 아니다. 간디를 무슨 신주처럼 모셔도 안 된다. 간디 자신은 그러한 신비화나 우상화를 철저히 거부했다. 그는 모든 사람이 진실하고 주체적이며 공공적이고 평화적이며 실용적이고 세계적이기를 바랐다. 이제 나는 21세기 우리나라에서도 간디와 같은 세계적 리더가 나오기를 바란다. 아울러 우리 모두 리더 철학을 음미하고 교훈을 얻기 바란다. 세계적 리더란 세계적으로 유명하다는 의미가 아니라 세계를 바라보고 호흡하는 리더를 뜻한다. 그야말로 리더의 변혁이 시대의 변혁임은 두말할 나위도 없다. 그런 리더의 형성에 관심을 가지고 이 책을 쓰도록 해 준 21세기북스에 진심으로 감사한다.

박홍규

Contents

프롤로그 - 리더의 변혁이 시대의 변혁이다 • 4

1부 카리스마 리더에서 섬김의 리더로

1. 진실을 향한 부단한 전진　　　　　　　　　　　19
나의 기억 속의 첫 리더 | 아버지 같은 진실한 리더, 간디 | 비겁을 물리치고 용기를 가져라 | 살인자나 미친개를 죽여야 할까? | '할 수 있는 만큼'보다 더 | 모든 것에 대한 지극한 관심 | 무비판을 비판하다 | 새들도 먹을 것이 있기에 노래한다 | 간디의 종교는 바로 '도덕'

2. 나의 길을 당당하게 걸어가다　　　　　　　　　49
나의 삶이 곧 나의 메시지 | 의무와 기쁨으로 가득 찬 삶 | 보다 당당한 리더로 거듭나다 | 나의 꿈은 독립, 그 이상 | 섬김과 나눔을 몸소 실천하다 | 부당에 맞서 정당을 외치다 | 진실한 파업은 통하는 법 | 공존과 타협을 추구하다 | 실용적 상징의 창조 | 굴복은 신에 대한 범죄다

3. 욕망을 이기는 절제　　　　　　　　　　　　　81
기발하고 빛나는 도전 | 물레와 소금, 상징으로 싸우다 | 종교적 진실주의자 | 자유와 평등을 위해 싸우다 | 보이지 않는 힘의 침묵 | 오직 진실 관철을 위하여 | 간디는 탁월한 전략가 | 간디주의는 없다 | '조국 사랑'은 리더의 제1요건 | 간디가 말하는 인도

4. 어떤 규칙도 정답도 없다　　　　　　　　　　112
리더의 자질은 필요 없다 | 멘토는 선택사항일 뿐 | 우선 평화주의자가 될 것 | 인류 전체로 확장된 '책임감' | 주체적 삶을 찾아나서다 | 가난은 분명 죄가 아니다 | 세상을 크고 넓게 보라 | 나는 상인 카스트라서 | 실용적인 영국 유학 | 진리 이상의 종교는 없다 | 세계를 호흡하고 삶을 각성하다

2부 두려움 없이 세상을 지휘하라

1. 사랑과 긍정으로 존경받다　　　　　　　　　**145**

한 치의 망설임도 없이 | 수줍은 변호사에서 강한 리더로 | 사회적 자각, 삶을 통찰하다 | 투쟁보다는 화해의 편 | 신은 내 안에 있다 | 비겁이라는 깊은 상처 | 다시 싸울 수밖에 | 마지막 사람에게도 | 변화된 삶, 단호한 실천 속으로 | 행동은 구체적 상황에 따라

2. 정의의 이름으로 불굴의 시대를 일구다　　　**170**

열정과 긍정의 비폭력 운동 | 나의 믿음은 사랑의 힘 | 참된 문명을 수립하고자 | 즐거운 공동체, 톨스토이 농장 | 리더는 시대가 만드는 것 | 침묵 그리고 격정의 나날 | '최선'을 위해 참전하다 | 드디어 민중의 리더가 되다 | 참파란 농민운동의 성공 | 희망의 좌절, '히말라야 오산' | 실패로 끝난 '당근과 채찍'의 통치

3. 모두가 주인인 세상　　　　　　　　　　　　**204**

정의의 경제학 | 부드러운 설득의 힘 | 모든 탄생은 순간에 생긴다 | 조용한 한때를 보내다 | 배운 사람들의 경직된 마음 | 더 이상의 굴복은 신에 대한 범죄 | 세 가지 도전 | 저항은 더욱 불타오르고 | 무의미한 독립 | 콜카타여, 이성을 되찾으라

4. 카리스마보다 힘 센 비전　　　　　　　　　**233**

아나키스트 간디 | 인간은 진실을 추구할 뿐 | 영원한 청년 간디 | 진실을 위한 신뢰 | 내겐 아무 비밀이 없다 | 함께 사는 길이어야 | 최고의 덕목은 '용기' | 인간이란 자기 운명의 창조자 | 삶은 한 덩어리의 전체 | 변혁 없이는 발전도 없다 | 간디는 언제나 진화 중

에필로그 - 진실한 철학이 있는 리더를 기다리다　●　**272**
참고문헌　●　**280**
간디 연보　●　**281**

1부

카리스마 리더에서 섬김의 리더로

진실 추구와 비폭력이라고 하는 간디 철학의 핵심이 빛나는 것은 그가 언행일치로 만인에게 모범을 보였기 때문이다. 간디의 '몸소 실천하기'는 지금 시대가 요구하는 섬김과 나눔의 리더십의 전형이라 할 수 있다. 그것은 영웅적 자질이나 비범한 능력이나 마술적 힘을 강조하는 카리스마 리더를 넘어선 것이다.

진실을 향한
부단한 전진

나의 기억 속의 첫 리더

나는 사실 '리더'라는 사람들을 잘 모른다. 그런 자들을 직접 만나 본 적이 거의 없기 때문이다. 육십 평생에 그러했으니 허무하다고 할지 모르지만 그런 사람들을 일부러 피했다. 그러나 어쩌다가 리더로서가 아니라 개인적으로 우연히 접하게 된 리더들은 있다.

내 기억 속의 첫 리더는 일본에서 유학했을 때 1980년대 초에 만난 어느 일본 대기업의 회장이었다. 그 기업은 당시 세계 최대의 인조 다이아몬드를 만들어 일본뿐 아니라 세계적으로도 유명했는데, 그가 관련된 단체에서 장학금을 받게 되어 그의 집과 사무실로 초대를 받은 것이다. 가난한 30대 초반의 외국인 유학생을 일부러 초대한 것도 특이한 일이었지만 그의 집과 사무실이 너무나 소박해서 놀랐다. 열 평도 안 되는 그의 작은 집은 책으로 가득했다. 당시 70세가 넘은 그는 부인과 함께 직접 만든 초밥을 내 가족에게 대접하고 난 뒤 자신의 어려웠던 삶을 들려주었다. 그들이 입은 옷도 낡은 전통복이었다. 식탁도 낡은 앉은뱅이 다다미 탁자였다. 참으로 소박하고 겸손한 노부부였다.

그 뒤 찾은 그의 회사 회장실도 너무나 작았다. 내가 노동법을 공부한다고 하니 자기 사무실 앞에 있는 노동조합도 방문하게 해주었는데 그곳 위원장 방보다 그의 방이 작았다. 그 회장실도 책으로 가득 차서 노교수의 연구실을 방불케 했다. 거대한 탁자나 높고 화려한 회전의자, 탁자 위의 금박 명판도 없고, 팔걸이와 등받이가 없는 조그마한 의자와 책상뿐이었다. 그는 노동조합 사람들이 입은 작업복을 입고 그들과 함께 직원 식당에서 줄을 서서 식사를 함께한 뒤 공장을 안내했다. 직원들과 일일이 인사를 하고 악수를 하며 그들의 이름을 부르고서 안부를 묻고 격려했다. 큰소리가 아니라 속삭이듯이 다정하게 말했다. 권위주의적인 위계질서 같은 것은 전혀 없었다. 당시 일본에는 자가용이 많았지만 그는 자가용도 없었고 회사 차도 사용하지 않았다. 항상 지하철이나 버스로 출퇴근을 했다. 내가 만난 노동조합 간부들은 회장을 진심으로 존경하면서도 노사간 분쟁에 대해서는 분명한 입장을 취했다. 노조 사무실에서 공산당 신문을 봤는데 그들과의 토론 과정에서 일부는 공산당원인 것을 알게 되었다. 이를 알고 놀라 나는 회장에게 공산당원을 노동조합 간부로 인정하느냐고 물었다. 그랬더니 껄껄 웃으며 자기도 젊어서는 공산당원이었다고 태연하게 말했다.

그전부터 나는 사회주의에 심취해 있어서 자본가나 기업인을 막연히 좋아하지 않았는데 그런 자본가를 보고 참으로 놀랐다. 내가 그 전후에 만난 자본가란 대부분 그런 사람들이 아니었기 때문이다. 정치가나 종교인 등 여러 분야의 리더라는 사람들도 대부분 권위주의적이고 파당주의적이었다. 여기서 그런 대다수 리더들을 묘사할 필요가 없을 정도로 독자들은 그들에 대해 잘 알 것이다. 오늘 밤 TV에 나오는 회장이니 사장이니 하는 사람들을 보면 누구나 알 수 있다. 대통령이니 장관이니 하는 자들은 두말할 것도 없다. 그들은 책 한 권 없이 넓고 화려한 집무실에서 화려한 명패가 놓인 높은 탁자와 의자에 앉아 그 앞에서 굽실거리기만 하는 부하들에게 큰소리로 호령한다. 그리고 값비싼 산해진미를 즐기고 온갖 특권을 누리며 거대한 대궐 같은 집에서 산다. 자신뿐 아니라 그 가족들도 그런 사치와 영화를 누린다. 그리고 그런 집안과 끼리끼리 결혼을 해 특권 대가족을 형성해서 영원히 지배 특권

계급으로 살아가고자 한다. 여기에 갖가지 지연, 혈연, 학연 등이 동원된다.

유학 생활을 끝내고 귀국한 뒤 나는 예전에 만났던 회장의 소식을 오랫동안 듣지 못했다. 그러다가 그가 80세가 넘도록 건강하게 살았으나 어느 날 잠을 자다가 그대로 돌아가셨다는 소식을 들었다. 그리고 대부분의 재산을 생전에 노동자들의 자녀들을 위한 장학재단을 비롯한 여러 공익 단체에 기부했고 자식들에게는 아무것도 남기지 않았다는 소식도 함께 들었다. 나는 그런 리더가 일본을 비롯한 외국에서도 결코 일반적이지는 않다고 생각한다. 우리나라도 마찬가지다. 앞에서 말한 대기업의 회장 정도는 아니어도 여러 분야에서 소박하게 리더로서의 역할을 하는 사람들도 있다. 하지만 그 수는 소수다. 내가 모르는 사람들이 많아도 역시 그런 리더는 소수일 것이라고 생각한다.

아버지 같은 진실한 리더, 간디

그래서 나는 리더들을 대부분 불신했다. 흔히 말하는 마키아벨리즘의 현실주의에 젖은 자들이 대다수이기 때문이다. 그들은 정치나 사업에서 진실은 무의미하고 현실이 중요하다고 한다. 무슨 수를 써서라도 반드시 이겨야 하고 결과만 좋으면 만사 오케이라고 한다. 그야말로 정글의 야수 같은 리더다. 그런 리더의 철학은 마키아벨리즘의 현실주의일 것이다. 그런 리더가 이끄는 사람들은 물론 국민들도 짐승처럼 행동할 것이다.

사람들은 곧잘 기존의 리더를 그런 마키아벨리즘적인 '가짜' 리더라고 비난하고 스스로 또는 남을 '진짜' 리더라고 주장하면서 그 철학을 고상한 이상주의로 내세우기도 한다. 하지만 나는 대부분 선거용이나 선전용에 불과한 것도 쉽게 믿지 않았다. 물론 우리가 위인이라고 칭송하는 그들의 위대한 삶, 특히 그 리더십에 감동하는 사람들도 역사에는 있다. 그러나 그런 위인전이란 대부분 환상 같은 것으로서 믿을 만한 것이 못 되는 경우가 많다. 나는 빈센트 반 고흐 같은 화가나 예술가 또는 문인이나 사상가를 좋아해서 그들에 대한 책을 썼다. 그 이유는 그들에 대한 '위인 환상'을 제거하고 친구처럼 그들을 아는 것이 그들의 예술이나 사상을 제대로 이해하는 길이라고 생각했기 때문이었다. 반면 영어사전에서 말하는 리더인 정당의 당수나 수령, 대장이나 지휘관, 악단의 지휘자 등에 대해서는 아무런 흥미를 느끼지 못해 그들에 대해 무엇을 쓰기는커녕 생각해 본 적도 없다.

나는 리더에 대해 생각해 본 적이 없이 그냥 착하고 평범하게 살면 된다고 생각했다. 그냥 정직하게, 성실하게, 열심히 살면서 이

옷도 걱정하고 보살피며 사는 것이라고 봤다. 지금도 그 생각에는 변함이 없다. 평소 조직이나 집단에 대해 고민하기는 했다. 그러나 이를 기본적으로 자유로운 개인들로 이루어진 자치적 공동체로 만드는 것이 이상적이라고 보았지, 어떤 리더가 리더십을 발휘해 이끌어 나가야 하는 것이라고는 생각하지 않았다.

그러나 내가 남들에게 리더로 보인 적이 없었던 것은 아닌 듯하다. 가정이나 직장, 지역, 나라 등 내가 사는 울타리에서 리더로 보였거나 최소한 그렇게 기대된 적이 있었을 것 같다. 그럴 때 내가 자신을 리더로 의식하지 못하고 리더답게 행동하지 못해 사람들에게 실망을 주었다면 나에게 주어진 리더라는 역할을 제대로 하지 못한 것이리라. 리더로서의 철학(그런 것이 있다면)을 갖지 못했기 때문이리라. 따라서 우리 모두 철학 있는 리더여야 한다.

내가 이 책을 쓰게 된 이유는 우리 모두가 참된 리더여야 한다고 생각하기 때문이다. 우리는 모두 타인에게 모범을 보여야 하고 우리가 바라는 미래를 창조할 책임이 있기 때문이다. 부모로서, 성인으로서, 직업인으로서, 선배로서, 사회인으로서 자녀나 미성년자, 직장 동료나 후배들에게 모범이 되어야 한다. 우리 모두 진실한 리더여야 세상을 바꿀 수 있다. 우리 모두 그렇게 살아야 우리 사회와 나라와 세계의 리더들도 바뀔 것이다. 우리가 바뀌지 않고 정치나 기업의 리더만이 바뀔 것을 기대할 수는 없다. 결국 우리의 리더는 우리 모두의 리더십을 반영하는 존재이다.

나는 그런 리더를 간디에게서 찾았다. 간디를 흔히 '마하트마'라고 한다. '위대한 영혼'이라는 뜻이다. 이를 성자나 성인이라고도 한다. 그러나 인도인에게 그는 마하트마보다도 '바푸'로 불렸다. '아버지'란 뜻이다. 즉, 일반인과는 거리가 먼 성인이 아니라 자신들과 같은 아버지라는 느낌이 강했다. 나에게도 그렇다. 그는 '아버지' 같은 리더다. 그 모습과 행동 자체로 모범을 보여주는 것이다.

그 모습은 누구나 알고 있듯이 헐벗은 모습이다. 그가 죽은 뒤 유산으로 남긴 것은 샌들 한 켤레, 시계 하나, 물잔 하나, 숄 하나, 직접 짠 카디(집에서 직접 짠 거친 면직물) 한 벌, 그리고 철사 줄을 단 안경 하나뿐이었다. 그가 나이 들어 평생 입은 옷은 아랫도리를 감은 직접 짠 카디뿐이었다. 그런 옷차림은 더운 날씨의 인도에서는 흔히 볼 수 있는 아버지의 모습이다. 그가 살았던 아슈람의 작은 방을 찾아가 보면 가구를 비롯해 아무것도 없다. 그는 삶의 대부분을 높은 탁자나 회전의자가 아니라 바닥에 앉아서 보냈다. 그의 행동이란 주로 걷는 것인데 이 역시 인도에서는 흔히 볼 수 있는 아버지의 모습이다. 그런 아버지의 모습과 행동으로 그는 인도와 세상을 바꾸었다. 아니 사람을 바꾸었다. 누구에게나 친근한 모범이었기 때문이다. 그는 100권이 넘는 방대한 전집을 이루는 수많은 글을 썼지만 저작권을 주장한 것은 한 편도 없었다. 그 저

술만으로도 그는 글을 전문적으로 쓰는 학자가 평생 이루는 업적의 수십 배를 이룩했다.

그의 말을 듣지 않아도 그런 모습과 행동이 드러난 삶에서 우리는 그를 모범으로 삼기에 충분하다. 그러나 그 모범이란 한 점 허물도 없는 완벽함이 아니라 언제나 허물을 인정하는 진실을 말한다. 인간이면 누구나 단점을 갖고 실수를 하기 마련이다. 간디는 자신이 그러함을 조금도 숨기지 않고 정직하게 드러냈다. 그리고 그것을 고치는 용기와 의지를 가졌다. 그것이 간디 리더십의 핵심인 진실의 추구였다. 진실의 추구야말로 간디의 철학이었다. 그런 진실의 추구는 용기 있는 사람만이 한다. 비겁한 사람은 진실을 추구할 수 없다. 따라서 용기야말로 리더 철학의 첫째 요소다. 용감함이야말로 리더의 첫째 요건이다. 그러나 이는 어디까지나 정신적인 것을 말한다.

비겁을 물리치고 용기를 가져라

간디의 수많은 글이나 연설문을 읽다 보면 가장 많이 접하는 말이 '비겁을 물리치고 용기를 가져야 한다'는 말이다. 간디는 언제 어디서나 비겁함을 극단적으로 싫어하고 용기를 가져 용감하게 행동해야 한다고 주장했다. 이는 종교인 간디의 이미지나 100권이 넘는 전집의 글을 쓴 문인다운 그의 이미지와는 사실 어울리지 않고 도리어 장군이나 싸움꾼의 이미지를 불러일으킨다. 그가 어려서부터 용감했던 것은 아니었다. 비겁하지는 않았지만 나약했다. 그런 그가 용기와 단호함을 갖춘 리더로 탄생한 것은 스물네 살 때 남아프리카에서 인종차별을 당한 뒤였다. 그전에는 사회문제에 별 관심이 없고 먹는 것에나 신경 쓰는 지극히 평범한 청년이었다.

간디에게 비겁이란 최악의 것이다. 그러나 그는 폭력에 대해 폭력으로 응수하는 것이 비겁이고, 폭력에 대해 비폭력으로 응수하는 것이 용기라고 했다. 그래서 간디의 사상을 흔히 비폭력주의라고 하지만 그가 폭력을 완전히 배제하지는 않았음을 주의해야 한다. 그는 "비겁과 폭력 가운데 하나를 선택해야 하는 상황이라면 나는 폭력을 선택하겠다(《영 인디아》 1920. 8. 11)"고 말하며 이어 "나는 인도가 비겁하게도 자신의 불명예에 대해 방관자로 머무르기보다는 차라리 그 명예를 지키기 위해서 무기를 들고 일어서는 것을 보고 싶다"고 했다.

마찬가지로 간디는 어느 마을에 도둑떼가 침입하자 가족을 버리고 도망친 사람들이 비폭력 때문에 그렇게 했다고 말하자 분노했다. 그는 "비폭력은 비겁의 도피처로 쓰는 말이 아니라 비폭력이야말로 용기 있는 사람의 무기"라고 주장했다. 즉, 그런 경우에는 가족을 위해 싸워야 한다고 했다. 비폭력이 불가능한 경우 폭력이라는 수단을 쓸 수밖에 없다는 것이었다. 그래서 그는 보어전쟁과 1차 세계대전 등에 참전하기도 했다. 간디는 "비겁한 사람들 사이, 또는 비겁한 사람과 용기 있는 사람 사이에는 우정이 있을 수 없다"고 했다. 그는 인도인에게 가장 결여된 것, 영국에 의한 식민지 지배가 초래한 가장 치명적인 결점이 용기의 부족이라고 보아 일부러 전쟁에도 참여했다. 간디는 "용기란 남성의 독점물이 아니고", "육체의 특성이 아니라 영혼의 특성"이라고 했다.

간디는 지배자의 폭력에 구속되어 노예 상태로 있기보다는 차라리 폭력을 사용해서 자유로워진 인도를 보고 싶다고 했다. 가령 1942년 중국의 장제스에게 보낸 편지에서, 간디는 당시 인도에서는 영국에 대한 반발로 일본에 대한 동정심이 자라고 있었지만 인도는 자주 독립의 입장에서 모든 노력을 기울여야 한다고 지적한 뒤, 인도는 중국과 마찬가지로 일본의 지배에 반대하며 "연합군이 인도와의 협정 하에, 그 군사 세력을 인도에 두고 인도를 일본 침략에 반대하기 위한 작전기지로 사용하는 것에도 동의한다"고 했다. 인도인이 노예의 사슬에서 스스로 자유로워지기 위한 결정적 수단으로, 또 일본군국주의 침략으로부터 그들 자신을 지키기 위해 연합국의 군사력, 즉 폭력을 인도에서 사용하도록 허용한 것이었다. 또 간디는 일본인에게 보낸 편지에서 일본이 인도에 침략한다면 전력을 기울여 저항한다고 했는데 그 전력에는 비폭력만이 아니라 폭력도 당연히 포함된 것이었다. 1941년 영국에 대해 인도 철수를 요구하고 임시정부를 수립한다는 결의에서는 더욱 분명하게 그러한 의사를 밝혔다.

그 정부의 첫 임무는 연합군과 함께 그 지배하에 있는 비폭력적 세력은 물론 그 모든 무력을 망라해서 인도를 방어하고 침략에 저항해야 한다. 또 본질적으로 모든 권력과 권위가 귀속해야 할 농촌과 공장 등 어떤 장소라도 그곳에서 일하는 노동자의 복지와 진보를 증진시켜야 한다.

살인자나 미친개를 죽여야 할까?

당시 간디는 72세였다. 그리고 오랫동안 비폭력주의를 지켜 왔다. 그러나 나는 그가 당시에 필요했다면 용감하게 총을 들고 영국에 저항했었으리라고 생각한다. 이처럼 간디는 폭력이 필요한 경우, 즉 비폭력을 도저히 관철할 수 없는 경우에는 폭력을 허용했다. 따라서 우리는 간디가 절대적으로 비폭력을 주장했다고 말할 필요가 없다. 우리 자신도 폭력이 필요한 경우에까지 비폭력을 고집하며 절대적으로 비폭력을 지지할 필요가 없다.

살인자에게까지 비폭력으로 맞서 살인을 초래할 수는 없다. 살인자는 죽여야 한다. 그것이 정당방위의 정의다.

> 우리는 불완전하고 잘못이 많은 인간이기 때문에 미친개는 죽이는 것 외에 달리 길이 없습니다. 사람을 죽이는 행동을 하는 사람을 현장에서 목격할 때 그 사람을 죽이는 것이 우리의 피할 수 없는 의무가 되기도 합니다.

위 인용에서 말한 미친개 죽임은 1926년 아메다바드에서 직물계의 거물인 사라바이가 자기 공장 지대에 자주 출몰한 집 없는 개 60마리 정도를 죽인 것을 말했다. 사라바이는 앞에서 말한 1918년의 파업이 일어난 공장의 주인이기도 했다. 이런 사건이 당시의 조선은 물론이고 지금 한국에서 벌어진다고 해도 이의를 제기할 사람은 없을 것이다.

그러나 인도에서는 달랐다. 간디가 《영 인디아》에 실은 위의 글에 대해 엄청난 비난이 쏟아졌다. 그러자 간디는 다시 다음과 같이 썼다.

> 주인 없이 떠도는 개는 사회에 위험이 되며, 그런 개떼는 사회의 존재

자체를 위협한다. 사람들에게 정말로 신앙이 있다면 주인 없는 개는 사라질 것이다. 서양에는 개를 기르는 정식 학문이 있다. 우리도 그것을 배워야 한다.

그러자 사람들은 간디가 서양의 영향을 받았다고 비판했다. 이에 대해 간디는 다음과 같이 응수했다.

나는 서양 것이라면 모두 거부해야 한다고 생각하지 않는다. 나는 이제까지 서양 문명을 가차 없이 비난해 왔으며, 지금도 그렇게 하고 있다. 그러나 나는 서양으로부터 많은 것을 배웠고, 그것에 감사하고 있다. 만일 서양이나 서양의 문학과의 접촉이 나에게 아무런 영향을 주지 않았다면 오히려 나는 불행한 사람일 것이다. 그러나 나는 개에 대한 내 의견이 서양 교육이나 서양의 영향에서 온 것이라고는 생각하지 않는다.

서양 사람들이 자비에 무지하다고 생각한다면 그것은 매우 잘못된 생각이다. 자비의 이상에서 그 수준은 낮을지 모르지만, 그 실천은 우리보다 훨씬 철저하다. 우리는 드높은 이상에만 만족할 뿐 그것을 실천하는 데는 느리고 게으르다. 빈민, 소, 다른 짐승들 문제에서 분명히 알 수 있듯이 우리는 짙은 어둠에 싸여 있다. 이것은 우리의 신앙을 보여 주기보다는 무신앙을 보여 준다.

간디는 자신의 의견이 서양에서 왔느냐 동양에서 왔느냐의 문제가 아니라 진실과 비폭력에 기초한 것이라고 주장했다. 그러나 철저한 불살생을 주장한 자이나교도나 힌두교도나 불교도에게는 간디의 주장이 진실과 비폭력에 기초한 것이라고 보지 않았기에 그에게 반발한 것이다. 우리는 간디의 진실과 비폭력의 문제가 이러한 인도의 현실에서 생겨난 중도적인 것임을 주의해야 한다. 즉, 한국과는 다른 측면이 많다. 한국에서는 간디식 주장이 극단론이 될 수도 있다. 만일 간디가 한국에 살았다면 나름의 중도론을 주장하지 않았을까?

'할 수 있는 만큼'보다 더

여기서 1921년 간디가 52세였을 때 인도 독립운동의 절정기 생활을 잠시 들여다보자. 그는 35세 이후 79세에 죽을 때까지의 반세기 동안 공동체인 아슈람에서 규칙적인 생활을 했다. 언제나 새벽 4시에 일어나 저녁 9시 반에 잤다. 그리고 마음만 먹으면 언제나 선잠을 자서 부족한 수면을 보충했다. 하루 두 차례씩 산책했고 해가 질 무렵 기도 모임에 참석했다. 그 모임에서는 다양한 종교를 가진 사람들이 가부좌를 틀고 앉아서 송가를 부르고 『바가바드기타』를 읽었다. 하루 세끼는 언제나 빵이나 토스트 세 조각, 오렌지 두 개, 포도 한 송이나 건포도 한 줌, 그리고 염소 젖 16온스라는 소량이었다.

그는 나머지 시간에 일을 하거나 손님을 만났다. 그는 다른 사람들처럼 온갖 허드렛일을 했다. 아슈람 사람들의 의무인 노동이었다. 그곳 사람들이 의무를 어기면 그 사실을 가차 없이 폭로했다. 자신에게는 물론 가족이나 오랜 친구에게도 예외를 인정하지 않았다. 특히 그는 청결과 단정한 옷차림, 시간 엄수를 중시했다. 하루에 수십 통의 편지를 읽으면서도 시간을 철저히 지키고 답장은 미루지 않고 바로 직접 썼다. 남아프리카에서 양손으로 쓰는 법을 익혀 오른손이 지치면 왼손으로 썼다. 어느 쪽으로 쓰든 필체는 겨우 읽을 수 있는 정도였지 달필이 아니었다. 편지지를 아끼기 위해 가능하면 엽서에 썼고 이면지를 메모지로 사용했다. 반쯤 찢어진 종이나 돌리고 남은 전단지도 편지지로 썼고 종잇조각으로 봉투를 만들었다. 연필은 몽당연필이 될 때까지 사용했다. 몽당연필마저도 다 쓰면 다른 연필을 찾기 위해 바닥을 뒤졌다.

이 모든 것은 간디가 평생 계속한 일이었으나 이는 저절로 된 것만은 아니었다. 아슈람 사람들과 마찬가지로 간디도 그렇게 살겠다고 언제나 굳게 맹세했다. 융통성, 현실성, 적응성, 유연성, 역동성 등을 강조하는 바쁜 현대 생활에서 맹세란 우스운 것으로 치부될 수도 있겠지만 이는 내면의 약속이나 정신적 결단과 같은 것으로서 여전히 중요하다. 간디의 말을 들어보자.

맹세를 하는 것은 약함의 표시가 아니라 강함의 표시다. 맹세는 어떤 일이 있어도 그것을 지키겠다는 결의를 뜻한다. 힘의 보루가 되는 결연함을 '맹세'로 부르든 다른 이름으로 부르든 상관없다. '할 수 있는 만큼' 하겠다고 말하는 사람은 스스로는 겸손해서 하는 말이라고 믿더라도 사실은 자만심이나 나약함을 보이는 것과 같다. 나는 '할 수 있는 만큼'이라는 제한을 두는 것이 탈출구를 마련해 두는 것이라는 걸 직접 체험했다. 어떤 일을 '할 수 있는 만큼' 하려는 사람은 어떤 장애에나 굴복한다.

맹세를 하면 누구나 아슈람에 올 수 있었으나 대부분 가난한 사람들이었다. 간디는 항상 그런 사람들과 어울렸다. 아픈 사람이 있으면 문병을 가서 담소를 나누는 일 외에는 손님들을 만났다. 손님을 만나는 일은 정확한 계획표에 의해 이뤄졌고 정해진 시간이 되면 반드시 면담을 끝냈다. 그러나 그는 그 누구의 말에도 경청하고 상대의 처지에 공감했다.

그를 만난 사람들은 누구나 그의 열의, 인간에 대한 믿음, 솔직한 태도, 친절, 활기, 불쾌감을 주지 않으면서 자기의 뜻을 관철하는 리더로서의 능력에 매료되었다. 총독을 비롯한 영국인들도 그의 투쟁이 아니라 인격에 매료되어 간디를 인정했다.

모든 것에 대한 지극한 관심

간디는 매년 몇 달을 여행했다. 살인적인 더위나 숨이 막히는 높은 습도에도 불구하고 어떤 정치가도 찾지 않는 오지들을 그는 3등 열차나 도보로 찾아갔다. 언제 어디서나 사람들은 그를 열렬히 환영했다. 그는 언제나 유머감각을 발휘해 사람들을 즐겁게 대했다. "만일 유머감각이 없었더라면 나는 오래전에 자살했을 것"이라고 쓴 적이 있을 정도로 유머감각이 뛰어났다.

그는 어디에서나, 누구에게나 말을 했다. 10만 명 이상인 경우도 있고 단 몇 명인 경우도 있었다. 그의 목소리가 워낙 작아서 확성기가 없이는 그의 목소리를 듣기 어려웠어도 사람들은 먼발치에서 그를 바라보는 것만으로도 만족했다. 그를 보려고 인도의 혹서를 견디며 30km 이상 걸어온 사람들도 많았다. 그의 연설은 사석에서만큼의 생동감을 주는 것은 아니었으나 언제나 감동을 주었다. 오래 앓았던 병 때문에 오래 서 있지 못해 주로 앉아서 말했다. 그는 타고난 웅변가가 아니었고 웅변가가 되려고 노력한 적도 없었다. 단순하고 소박하게 말했지만 언제나 사람들을 감동시켰다. 질문 때문에 연설이 중단되기도 했지만 언제나 침착하고 투명한 어조였다. 가끔 신랄한 표현을 하기도 했지만 조롱은 하지 않았다.

간디는 말하기를 좋아한 사람은 아니었다. 매주 월요일을 침묵의 날로 정해 하루 종일 한마디도 하지 않았고 어떤 해에는 한 해가 다 가도록 침묵하기도 했다. 그는 "삶의 순간마다 침묵이 최고의 언어라는 것을 경험했다. 꼭 무슨 말을 해야 할 때라도 최대한 적게 말해야 한다. 한 마디로 충분할 때는 두 마디로 말하지 말라"고 했다.

간디는 집회가 끝나면 꼭 아이들과 장난을 치며 유쾌하게 놀았다. 그는 언제나 아이들을 '우리 미래의 지도자'라고 불렀다. 그리고 여성들을 '나의 사랑하는 자매들'이라고 불렀다. 그는 여성의 권리에 대해 항상 강조했다. 특히 불가촉민들을 옹호하면서 다시 태어난다면 그들로 태어나겠다고 했다.

그는 언제나 글을 썼고 인도의 모든 신문에 그가 쓴 글이 실렸다. 그리고 글에서도 독설을 퍼거나 선동하지 않았다. 그의 동료가 그런 글을 쓰자 사과하게 했다. 영국에 대해서만은 '극악무도'와 같은 극단적인 표현을 쓰기도 했지만 언제나 이성적이고 논리적으로, 부드럽고 따뜻하게, 누구나 알 수 있도록 쉽고 생생한 글을 썼다. 이는 그가 평생 사색가이자 독서가였기에 가능한 일이었다. 특히 감옥에 있을 때 독서에 열중했다. 정치보다도 철학이나 역사, 종교와 관련한 책을 즐겨 읽었다.

그는 모든 방면에 관심을 쏟았다. 모든 일에 조예가 깊었고 여러 방면에 관심을 가졌다. 그는 모든 도시와 촌락에 국민회의 지부를 세우기 위해 노력했다. 모든 직업인에게 그들의 임무에 대해 말했다. 그가 할 수 있는 일이라면 무엇이든 했다. 그리고 언제나 스스로 노동하는 물레를 찬양하고 모두에게 물레를 돌리도록 권했다. 스스로 인도의 국기도 만들었다. 주황색, 흰색, 녹색 바탕에 물레를 닮은 차르카를 그린 것이다. 주황색은 용기와 희생을, 흰색은 진리와 평화를, 녹색은 공평과 기사도를 나타낸다. 바퀴 모양의 파란색 24개의 물레 바퀴살은 24시간을 뜻하는 것이자 물레에 의한 경제적 독립을 뜻했다.

그의 모든 행동은 인도의 통일을 향했다. 물론 그것은 힌두교 아래의 통일이 아니라 세속적인 통일을 뜻했다. 이를 위해 그는 힌두교도와 이슬람교도를 비롯한 모든 인종과 계급의 공존, 화해를 언제나 강조했다. 그는 민족대학을 세우면서 학자들이 인도 대륙의 다양한 삶을 철저히 탐구하고 과거의 유산을 샅샅이 뒤져 민족의 원천을 찾아야 한다고 역설했다. 그는 그런 유산을 절대적으로 찬양하지는 않았지만 그것이 민족의 독립과 통일에 꼭 필요한 것임을 알았다. 그래서 가령 『바가바드기타』와 같은 고전을 주해하면서 그 책의 기본 사상을 자신이 믿는 비폭력에 근거한 다원주의로 새롭게 해석했다.

무비판을 비판하다

리더는 회의와 실험정신에 충실하다. 그래서 언제나 비판적이다. 간디는 "나는 모든 것이 옛것이기 때문에 좋다는 미신에 동의하지 않는다. 어떤 것이고 인도의 것이기 때문에 좋다는 것 또한 믿지 않는다(《영 인디아》 1925. 1. 8)"고 했다. 그리고 "어떤 전통이 아무리 오래되었다 하더라도 도덕적으로 모순된다면 이 나라에서 추방하는 것이 옳다"고 했다. 가령 어린 과부 생활과 조혼 제도, 불가촉민 제도 같은 것이다. 이러한 "야수와 같은 제도를 종교적으로 인정하는 것은 종교가 아니라 반종교(《영 인디아》 1927. 7. 2)"라고 비판했다. 심지어 "불가촉민 제도가 존속되느니 차라리 힌두교가 사라지는 것이 낫다(《영 인디아》 1921. 2. 23)"고도 했다.

간디는 신을 믿었고 힌두교도였으니 힌두교만이 아니라 모든 종교의 중요성을 강조했다. 그러나 그는 종교적 전통과 구속으로부터 자유로운 사람이었다. 힌두교 자체가 특별한 경전 읽기나 교회나 교단에 대한 의무적 참가를 요구하는 것은 아니지만 그는 특히 그런 것들과는 상관없이 자유롭게 자신만의 종교 생활을 했다. 즉, 경전에 대한 자유로운 해석과 개인적인 기도였다. 나아가 그는 모든 종교의 가치를 인정하고 모든 경전을 즐겨 읽었으며 모든 종교의 공존과 융화를 주장했다. 이는 간디가 살았던 인도에서 힌두교와 이슬람교가 서로 대립했기 때문에 특별히 강조되었던 것이다. 따라서 종교 융화의 전통이 오래전부터 있었던 한국에서는 그런 것이 특별히 강조될 이유가 없다.

도리어 간디가 국가 종교를 부정하고 종교를 순수하게 개인적인 문제로 보았음을 한국에서는 강조할 필요가 있다. 삼국시대 이래의 호국불교니 조선시대의 국가유교니 근대의 국가기독교니 하는 것이 종교와 국가 내지 정치의 일치를 당연한 것으로 보는 나쁜 전통을 낳았기 때문이다. 간디는 종교에 대한 국가의 간섭에 철저히 반대했고 인도를 어떤 이유에서든 '힌두교의 나라'로 만들려고 하지 않았다. 간디의 신은 어디까지나 권력의 신이나 부자의 신이 아니라 민중의 신이었다. 간디는 만일 굶주려서 잠들지 못하는 민중 앞에 신이 나타난다면 민중들은 자신들에게 일자리와 그것에 상응하는 품삯으로서 먹을 것을 약속하는 신만을 유일한 신으로 인정할 것이라고 했다.

간디는 "학교에서 소년들에게 발생하고 있는 가장 나쁜 일은 교사가 말하는 모든 것에 맹목적으로 복종하게 하는 것《영 인디아》

1926. 6. 24)"이라고 지적했는데 이는 학생 시절의 경험에서 나온 말이었다. 마찬가지로 그는 "따르고 싶은 어떤 사람이 아무리 위대하다 할지라도 그의 정신을 따르는 것이지 기계적으로 그를 흉내 내려 하지 마라. 각자 그 개인의 발전에 따라서 따르도록 하라《영 인디아》1928. 1. 9)"고 했다. 간디는 특히 서양 문명에 대해 비판적이었는데 이는 인도인이 무비판적으로 서양 문명을 받아들이는 것에 대한 비판이기도 했다.

> 내가 서양 문명에 저항하는 것은 실은 아시아인들이 서양 것이면 무엇이든 따라 하기에 적절할 뿐이라는 가정 아래 바탕을 두고 닥치는 대로 생각 없이 모방하는 것에 대한 저항이다. 인도가 지금까지 비록 세파에 찌든 모습으로 있었지만, 서양 문명이 의심할 여지없이 불완전하기 때문에, 만일 인도가 고난의 불길을 견디고 헤쳐나갈 만큼, 그리고 인도 문명에 대한 불법적인 잠식에 저항할 만한 참을성을 가지고 있기만 하면, 인도는 세계 평화와 굳건한 발전에 계속해 공헌할 수 있다고 나는 굳게 믿는다.(《영 인디아》 1927. 8. 11)

간디의 더욱 비판적인 대상은 물론 영국이었고, 정치적인 지배만이 아니라 경제적, 사회적, 심지어 문화적 지배까지 비판했다.

영국의 지배는 매우 나쁘다. 문화적 지배는 더할 나위 없이 나쁘다. 우리가 정치 지배에 분노해 저항하려고 하는 동안 문화 지배가 정치 지배를 완성시켜 주었다. 우린 제때에 저항하지도 않고, 우리가 거기에 심취되는 것도 깨닫지 못한 채 문화 지배를 힘껏 끌어안았다.(《영 인디아》 1925. 7. 9)

새들도 먹을 것이 있기에 노래한다

언제 어디서나 그렇지만 간디도 모든 사람들에게 지지를 받은 것은 아니었다. 1921년 당시 영국은 1차 세계대전 이후 위기에 처해 있어서 영국을 공격해야 한다고 주장하는 사람들이 많았다. 그러나 간디는 전혀 그렇지 않아 많은 사람들이 그를 떠났다. 이슬람권에서는 폭력이 행해지고 간디를 비판하는 인도인들도 많이 등장했다. 간디는 위험만을 가중시키고 물레는 사기이며 인민 법정은 협잡이고 기만이라는 비판이었다. 영국인들의 비판은 더욱 가혹했다. 그러나 간디는 한결같이 호전적인 사람들에게 '천천히'를 강조하고 대중은 아직 준비가 되지 않았다고 말했다. 대신 그는 수입 옷의 소각과 물레 돌리기 운동에 헌신하고 빈민들처럼 허리감개만을 걸쳤다.

그를 비판한 사람 중에는 인도에서 간디와 함께 쌍벽을 이루는 명성을 얻었던 타고르(1861~1941)도 있었다. 그는 평생 간디를 존경했으나 초기에는 간디의 물레 운동이 문화와 이성을 죽이고 맹목적 복종만을 판치게 하는 것이라고 비판했다. 이에 대해 간디는 다음과 같이 답했다.

> 일이 없어 굶주리고 있는 민족에게는 일과 거기서 받는 임금으로 먹을 것을 보장하자는 데만 신이 있을 수 있습니다. 신은 인간이 자신의 먹을 것을 위해 일하도록 창조했으며 일하지 않고 먹는 자는 도둑이라 말씀하셨습니다. 인도 국민의 80%는 한 해의 절반 동안은 도둑이 될 수밖에 없습니다. 인도는 하나의 거대한 감옥이라고 해도 과언이 아닙니다. 인도가 물레를 돌릴 수밖에 없도록 몰아가는 것은 다름 아닌 굶주림입니다.

타고르가 새들도 먹기만 하는 것이 아니라 노래도 한다고 한 것에 대해 간디는 새들도 먹을 것이 있기에 노래한다고 답하고 굶주린 자들에게 필요한 시는 단 한 편, 즉 음식이라고 했다.

타고르와 간디의 약 100년 전 인도에서의 논쟁에 대해 21세기 한국인은 어떤 생각을 할지 모르겠다. 지금 한국은 간디가 말한 감옥이 아니라고 볼 수도 있다. 인도의 그때와는 달리 굶주림을 면했을 뿐 아니라 세계적인 수준의 풍요를 구가하는 우리는 타고르를 따를 수도 있다. 그러나 지금 한국에도 상대적으로 가난한 사람들이 많다. 80%보다 더 많은 95%일 수도 있다. 그들에게 생존을 위한 방안을 구축하지 않고 아름답게 노래하기를 권하는 리더라면 문제가 아닐 수 없다.

또한 100년 전 간디를 비판한 다른 사람들, 특히 사회주의자들도 한국에는 여전히 존재한다. 그들은 타고르에 반대할지는 모르지만 간디에 대해서도 반대할 것이다. 간디가 사회주의적 민중 혁명에 반대하고 카스트제도의 존속을 주장했으며 불가촉민에 대한 근본적인 혁명에 반대했다는 등의 이유로 인도 사회주의자들의 비판을 받은 것처럼 말이다. 최근 그런 간디에 대한 비판도 한국에 소개되고 있다. 간디에 대한 공정한 비판적 평가를 위해 그러한 논의는 필요하지만 그런 점만을 과도하게 강조한다면 역시 문제다. 100년 전 간디는 인도의 통일을 위해 직업 구분 제도로서의 카스트제도를 어쩔 수 없이 허용했으나 불가촉민에 대해서는 당대 누구보다도 적극적으로 반대한 것이 사실이다. 또 그가 민중 혁명, 특히 폭력적 혁명을 거부한 것은 단순히 종교적인 신념 때문이 아니라 그것이 참된 혁명일 수 없다고 봤기 때문이었다.

흔히 간디가 정치에 종교를 적용하려고 했다며 이를 찬양하거나 비판한다. 그러나 그가 정치에 적용하려고 한 것은 종교 자체가 아니라 도덕이었다. 그의 논리나 논조도 명백히 세속적이었고 그 모든 것은 그 자신에게서 비롯되었다. 그는 혁명을 시작할 수 있었고 그 혁명을 성공시킬 수도 있었지만 그것이 참된 혁명이 아니라는 이유로 거부한 역사상 유일한 리더였다. 그는 민족을 유혈과 테러, 기만적인 희망의 낡은 길로 이끌기보다는 진실을 추구했기에 실패하는 길을 기꺼이 선택한 유일한 리더였다.

따라서 간디에 대한 과도한 비판에는 분명 문제가 있다. 나는 이 책에서 그러한 비판에 대해 언급하고 간디의 한계나 문제점도 지적할 것이다. 그러나 그런 점들이 참된 리더로서의 간디를 근본적으로 부정하는 것이 된다고는 보지 않는다. 아울러 지금 한국에 넘쳐나는 각종 인도 여행기를 비롯한 인도에 대한 소개 중에는 공정한 소개도 있지만, 인도를 신비화하고 특히 카스트제도와 같은 것까지 종교적으로 미화하는 경우도 만연한데, 이에 대해서도 엄중한 비판은 필요하다.

간디의 종교는 바로 '도덕'

간디는 정치에 종교를 적용하려고 했다는 평을 들어 왔다. 나는 그 종교란 실제로 도덕이라고 보지만, 설령 간디가 종교를 정치에 적용했다고 봐도 이는 우리나라에서 흔히 오해하듯이 인도나 인도인들이 특별히 종교적이었던 탓은 아니다. 도리어 종교적이었기 때문에 정치는 철저히 배제되었다. 사적 다르마와 영원한 해방을 추구하는 힌두 철학에서 정치란 너무나도 속되고 덧없는 짓이었다. 반면 전통적인 힌두교 정치학은 밀림의 법칙이 지배하는 세상의 끔찍한 마키아벨리즘적인 '형벌의 학'으로서 관료의 부정직을 도덕적 차원의 악덕이기는커녕 당연한 미덕으로 보았다. 그래서 훌륭한 왕은 통치자로서의 자질이 아니라 왕의 덕이 초래한 신비로운 결과로 여겨졌다.

따라서 간디가 정치에 종교 또는 도덕을 가져오고자 한 시도는 인도나 힌두교 전통과 근본적으로 어긋나고 인도 전통에 없었던 전혀 새로운 것이었다. 인도에서 간디 이전에 그런 시도를 한 사람은 불교에 귀의한 아소카왕뿐이었다. 간디는 1921년 그 최초의 시도에서 어느 정도는 성공했으나 당시 그는 자신의 역할을 교사에만 국한했다. 당시 인도 민족지도자들의 극심한 분열은 힌두적 사유에 의한 것이었다. 1924년 이후 간디는 도덕에 기초한 사회적 계획을 시도했으나 여전히 정치 풍토는 무도덕적이었다. 특히 소비에트 혁명이 성공한 뒤인 1920년대 말에 인도에서 사회주의가 시작되어 그런 무도덕의 분위기를 더욱 조장했다.

간디는 자신의 사회적 계획을 성취하기 위해 힌두교에 의존한 것이 아니라 기원전 6세기경의 고대 인도에 자급자족적인 마을 공화국들이 존재했다고 주장했다. 이는 신화적인 이야기였고 그 내용도 불명했으나, 간디 당대의 마을에 대해 특별한 변화 없이도 물레만으로 적용할 수 있는 것이어서 사람들의 공감을 얻었다. 그래서 그의 급진적인 유토피아는 인도 전통에서 나온 것이 되었다. 친영파를 비롯한 근대주의자나 좌파는 이러한 간디의 태도를 과거의 후진적 전통에 맞선 근대화나 민주화 또는 민중투쟁을 배반한 것이라고 비판했지만 민중들에게는 도리어 간디의 주장이 통했다.

타고르의 경우도 간디와 달랐다. 타고르는 간디의 물레를 통한 자치가 '너무 순진한' 방법이라고 비판했다. 사실 카디는 너무나 무겁고 빨기도 어려웠다. 특히 어린아이들이 입기에는 힘들고 불편했다. 그러나 간디는 기술이 나아지면 그런 문제는 해결할 수 있다고 믿었다.

그렇다고 해서 간디가 기계 자체를 반대한 것은 아니었다. 그가 반대한 것은 기계에 대한 광신과 기계가 지배하는 사회였다. 그는 재봉틀을 인류가 발명한 극소수의 유용한 물건 중 하나라고 찬양했다. 그리고 그런 유용한 기계를 만드는 공장도 국가의 소유나 통제 하에 두는 조건으로 긍정했다. 그러나 이는 서양 사회주의가 주장하는 국가 주도의 국유화가 아니라 동의를 통한 변혁이었다. 그는 인도의 노동자와 자본가가 동포라는 이유에서 공존해야 한다고 주장하면서 영국의 경제적 제국주의에는 철저히 반대했다.

이러한 간디의 사회사상은 힌두교에서 온 것이 아니었다. 그는 자신의 사회사상을 뒷받침하기 위해 힌두교와 그 고전을 자의적으로 이용했을 뿐이었다. 그런 태도는 이단으로 몰릴 수도 있는 위험한 것이었으나 힌두교 자체의 유연성에 의해 그렇게 되지는 않았다. 게다가 그의 종교는 도덕이었다. 종교만이 아니라 예술을 포함한 그의 사상 전반은 힌두교보다도 도리어 톨스토이 사상을 비롯한 아나키즘에 더욱 가까웠다.

간디는 신앙과 세속을 통합하고자 했다. 간디는 처음에 신은 진리(진실)라고 했으나 후에는 진리(진실)가 신이라고 했다. 아마도 신을 진리라고 하는 경우 문제가 있는 것으로 본 탓인지 모르지만 여하튼 중요한 것은 신이나 진리로 나아가는 길, 즉 해탈의 길이 옳은 생각, 옳은 말, 옳은 행동을 하는 비폭력이라고 믿은 점이었다. 그런 점에서 그에게 모든 위대한 종교는 도덕적 본질에서 동일하고 그런 한에서만 타당한 것이었다. 그밖에 종교의 교의나 신화 및 의례는 부수적이고 늘 어느 정도로는 잘못되어 있으므로 이를 너무 진지하게 받아들이면 잘못되기 쉽다고 봤다.

모든 위대한 종교가 동일하고 하나라는 생각은 종교들이 구체적인 현상으로 나타나는 현실에서는 우열이 없다고 보게 했다. 즉, 인도에서는 힌두교가, 서양에서는 기독교가 타당하다는 이유에서 간디는 자신의 힌두교를 긍정했다. 그러나 그는 힌두교 철학, 가령 베단타의 형이상학 등에 대해서는 무관심했다. 그는 초자연적인 것을 경험한 적도 없었고 환상을 본 적도 없었다. 귀신들과 신비체험은 그와는 더욱 무관했다. 그의 종교는 바로 도덕이었다. 그는 매일 기도를 했지만 그것은 도덕적 수양의 일환이었지 신비한 신을 추앙하는 맹목적인 행위가 아니었다.

나의 길을 당당하게 걸어가다

나의 삶이 곧 나의 메시지

『자서전』을 비롯한 간디의 글을 읽어 보면 그의 평생의 화두는 늘 일정했다. 신, 진리, 비폭력, 물레, 힌두-무슬림의 단합 등 어찌 보면 지루하다 싶을 정도로 똑같았다. 그가 구체적으로 행동한 것을 보면 일관성이 없어 보이는 경우도 많았지만 도덕적 원칙과 엄격함을 상실한 적은 없었다. 일관성이 없어 보인 경우에도 순간에 알맞은 허울 좋은 임시변통에 급급하지도 않았다. 번지르르한 수사로 연막을 피운 적도 없었다.

일관성이 없어 보이는 경우도 부차적인 경우였다. 그는 순간적으로 번득이는 통찰이 오면 즉석에서 결정을 내려 동료들을 당황하게 만든 적이 많았다. 하지만 언제나 공개적으로 떳떳하게 자신의 생각을 밝혔다. 때문에 대다수의 리더들이 감추는 시행착오가 모두 노출되었으나 그런 것을 조금도 후회하지 않았고 언제나 자신이 주장한 원칙에 충실했다.

그에게는 적이 많았다. 그는 평생 영국인에게는 교활한 적이고 사회주의자에게는 교활한 영국의 앞잡이라는 비난을 들었다. 그러나 그 양자의 교활이라는 비난, 즉 마키아벨리즘이라는 비난은 그에게 맞지 않았다. 어느 입장이나 그가 도덕적으로 옳다는 것을 인정하려고 하지 않았다.

인류 역사에서 존경받는 사람은 많지만 오로지 진실만을 추구해 존경받은 사람은 그다지 많지 않다. 아마도 그런 면에서 간디가 유일한 사람이지 싶다. 간디는 어떤 기자가 미국, 특히 아프리카계 미국인에게 주는 메시지를 요청하자 그날이 침묵일이었기 때문에 "내 삶이 곧 내 메시지다"라는 글을 써주었다. 그의 삶은 진실의 추구 자체였다. 권력이나 부의 추구가 아니었다. 아니 그는 진실이 바로 권력임을 그 삶으로 보여 주었다. 그는 모든 사람들에게 자신의 삶을 보라고 했다. 어떻게 먹고 앉고 말하고 행동하는가를 보라고 했다. 그는 자신의 삶을 한 치의 부끄러움도 없이 공개했다. 약점이나 실수까지도 정직하게 밝혔다. 진실의 추구는 완전무결의 위장이 아니다.

진실이란 무엇인가? 우리말로는 '참'인데 사전에서는 거짓이 아닌 것이라고 해서 명확한 뜻을 알기가 쉽지 않다. 진실을 진리라고도 하지만 느낌이 다르다. 진리라고 하면 누구나 인정하는 보편타당한 이치나 지식이라는 뜻이지만 진실에는 그런 느낌이 강하지 않기 때문이다. 진실을 다른 말로 진정(眞正)이라고도 하는데 그래서인지 요즘 진실성이라는 말 대신 진정성이라는 말이 유행이다. 하지만 '참'에다 '올바름'까지 더한 탓인지 그 말도 진실과는 느낌이 다르다. 요즘 유행하는 진정성이란 말이 그런 뜻으로 사용되는지도 의문이지만 그 말과 진실성이란 말의 차이를 정확하게 알기도 어렵다.

진실과 현실은 다르다. 두 단어에 공통으로 들어가는 '실(實)'은 열매를 뜻하는데 열매처럼 충실하다는 뜻이기도 하다. 즉, 현실이란 지금에 충실하다는 것이고 진실이란 참에 충실하다는 것이다. 우리는 현실에 대한 반대말로 보통 이상을 생각한다. 현실주의와 이상주의를 대비시키듯이 말이다. 국어사전에서 이상이란 현실에서는 실현될 수 없어도 이념으로서는 추구할 수 있는 바람직한 것으로 풀이된다. 나는 그 풀이가 적절하지 않다고 생각하지만 만약 그것이 옳다면 이는 몽상가의 것이리라.

그러나 간디는 "나는 몽상가가 아니라 현실적인 이상주의자"라고 했다. 그 점이 간디를 리더로 볼 수 있는 가장 근본적인 이유다.

우리는 어떤 몽상가도 함부로 따를 수 없기 때문이다.

의무와 기쁨으로 가득 찬 삶

나는 국어사전에서 말하는 꿈같은 이상보다는 현실에 대응되는 말이 진실이라고 생각한다. 흔히 진실한 사람이니 진실한 사랑이니 하듯이 진실은 반드시 현실에서 실현될 수 없는 것은 아니고 우리에게 그렇게 할 수 있는 가능성이 있기 때문이다. 나는 간디를 진실한 사람이라고 생각한다. 더 정확하게는 진실을 추구한 사람이라고 생각한다. 꿈같은 이상을 추구한 사람이 아니라 현실에 가능한 진실을 추구한 사람이라고 생각한다. 그런 의미에서 나는 간디를 현실주의나 이상주의가 아닌 진실주의를 추구한 사람이라고 생각한다.

흔히 리더는 미래를 바라보는 눈, 앞을 예견하는 능력을 가져야 한다고 말한다. 그래서 리더를 예언자로 보는 견해도 있다. 특히 종교적인 리더의 경우가 그렇다. 간디의 종교성을 강조하는 사람들도 간디를 예언자로 보는 경향이 있다. 그러나 간디 자신은 그런 것을 다음과 같이 부정했다.

세상 물정에 밝은 사람의 말을 듣다 보면 나는 이미 방향을 잃게 된다.

나는 미래를 예견하지 못한다. 나는 현재를 돌보는 일을 걱정한다. 하느님은 나에게 다가오는 순간을 다스릴 능력을 주지 않는다. 나는 종종 실망하는 것이 사실이다. 많은 사람들이 나를 속여 왔고 그들은 내가 부족한 줄을 알고 있다. 그러나 나는 그들과의 교류를 후회하지 않는다. 당신이 긍정적인 논리를 가지고 있지 않을 때에도 이 세상에 지속되고 있는 가장 실질적이고 가장 고귀한 방법은 사람들이 그 말을 믿고 받아들인다는 것이다.《영 인디아》1924. 12. 26)

내 삶은 끊임없이 일하는 가운데 기쁨으로 가득 찬 삶이다. 내일 나에게 무엇이 생길까 하는 생각에 부족함이 없이 나는 새와 같이 자유롭다.(《영 인디아》1925. 10. 1)

간디가 평생 물레, 바지, 안경 등 몇 가지밖에 소유하지 않은 것도 현재의 현실에 충실한 탓이었다. 미래에 불안을 느끼고 고민했다면 저축을 하면서 미리 준비했을지도 모른다.

보다 당당한 리더로 거듭나다

진실은 정직하고 솔직한 것이다. 간디는 비밀을 죄악이자 폭력이라고 보고 회피했다. 그의 『자서전』은 어떤 비밀도 없이 자신을 정직하게 고백한 책이었다. 그의 생활도 모두 공개되었고 그와 함께 공동체 생활을 하는 사람은 누구나 그의 숙소를 예고도 없이 방문할 수 있었다. 그런 공공성이야말로 우리가 그를 참다운 공적 리더로 볼 수 있는 요소이리라. 물론 공공성은 그런 공개성이나 개방성에 그치는 것이 아니다. 그것은 무엇보다도 사적 이익의 이기적 추구가 아니라 언제나 공익을 우선하는 것을 뜻한다. 그리고 이는 개인이나 사인으로서의 자기완성을 소홀히 한다는 것을 뜻하지 않는다. 개인적 인격의 완성 없이 공공성은 있을 수 없다.

언제나 진실을 추구하는 리더는 당당한 주체성의 소유자다. 간디의 『자서전』을 비롯해 그의 어떤 글을 읽어도 가장 뚜렷한 것은 그의 당당함이다. 그는 누구에게도 부끄럽지 않았다. 특히 적에게 당당했다. 어떤 적이라도 인간적으로 당당하게 대했다. 식민지 당국에도 당당했다. 그들에게도 인간이 되라고 요구했다. 인도의 독립은 진실을 추구하는 것이라고 당당하게 주장했다. 그래서 언제나 비폭력적 평화를 추구하고 폭력적 투쟁은 비겁한 짓이라고 비판했다.

그러나 간디는 그 어떤 상황에서도 진실의 추구를 교조적이거나 기계적이거나 도식적인 차원에서 하지는 않았다. 그는 어떤 경우에도 섣불리 덤벼들지 않고 주도면밀한 조사 후에 철저한 실용적인 전략적 사고로 대처했다. 그 점에서 그의 진실은 언제나 실용을 추구한 것이었다. 결코 몽상적인 이상에 그치지 않았다. 그래서 그는 보편적이고 세계적이며 인류적이다.

우리가 그에게서 배워야 할 점은 그러한 리더로서의 기본적인 태도이고 입장이며 철학이다. 따라서 이 책은 간디가 리더로서 보여 준 세세한 사건을 상세히 다루지는 않는다. 그의 삶과 생각을 알 수 있는 최소한의 줄거리를 통해 그의 리더 철학을 추구하는 것으로 충분하기 때문이다.

나의 꿈은 독립, 그 이상

간디가 세계적으로 알려진 것은 1920년대부터였다. 특히 로맹 롤랑이 1924년에 낸 간디 전기가 결정적인 역할을 했다. 그 책의 부제인 '우주적 존재와 하나가 된 사람'은 당시까지의 인류 최대의 전쟁이었던 1차 세계대전을 경험한 당시 서양인들에게 리더 철학을 보여 주었다.

"인도의 사도는 곧 세계의 사도이다"라고 천명한 점에서 그 책은 간디를 새로운 세계적 리더로 부각시켰다. 그 책은 간디를 동양의 성인으로 그린 점에서 문제가 전혀 없지 않았음에도 전쟁과 자본주의, 재즈 시대에 염증을 느낀 서양인들은 간디에게서 소박함의 미덕을 갖춘 평화주의자 사도를 발견했다. 간디는 다음과 같이 썼다.

나는 인도를 단순히 영국의 멍에에서 자유롭게 하는 데는 흥미가 없다. 나는 어떤 멍에가 되든 그 멍에에서 인도를 해방시키는 데 열중하고 있다. 때문에 내게 자치운동은 자기정화 운동이다.(《영 인디아》 1924. 6. 12)

나의 꿈은 독립을 훨씬 넘어선 것이다. 나는 인도를 해방시킴으로써 영국을 주축으로 하는 파멸적인 서구적 착취의 발뒤꿈치에서 지구상의 이른바 약소민족들을 해방시키고자 한다. 인도가 영국인들을 개심시키는 것은 불가능한 일이 아니다. 그렇게 되면 인도는 세계연방의 주도적인 일원이 될 수 있을 것이고 원한다면 영국도 세계연방의 일원이 될 특권을 누릴 수 있을 것이다. 어떤 경우에도 나는 결과가 두려워 최상보다 낮은 수준을 기꺼이 받아들이는 것을 꺼려하지 않는다. 따라서 내가 독립을 나의 목표로 제의하는 것은 편법에서 나온 것이 아니다. 인도가 자신의 뜻대로 되는 것은 모든 국가가 자신의 뜻대로 되는 것을 뜻한다.(《영 인디아》 1928. 1. 12)

우리가 원하는 것은 소수까지도 강제가 아니라 소수의 변화에 기초하는 정부여야 하는 것이다. 백인 군인 지배로부터 갈색 군인 지배로 바뀌는 변화라면 우리는 공연히 소란을 피울 필요가 없다.(《영 인디아》 1929. 12. 29)

간디가 1920년대에 꿈꾼 세계연방이라는 이상은 거의 100년이 지난 지금도 역시 실현되지 못한 꿈이다. 그러나 그런 꿈은 언젠가 실현될 수 있다. 그런 의미에서 우리도 원대한 이상의 꿈을 꿔야 한다.

1920년대 이후 간디는 인도인만이 아니라 세계의 수많은 사람들에게 영감을 준 위대한 인류의 리더가 되었다. 정치인, 경영인, 종교인, 학자, 운동가 등등 그로부터 영감을 받지 않은 사람은 거의 없었다. 그중에서도 특히 경영학이 주목한 바는 흥미롭다.

가령 반스 패커드(Vance Packard)는 『정상에 오른 사람들』에서 최고경영자가 갖는 자질을 지칠 줄 모르는 정력, 사람들을 잘 다루고 때에 따라서는 적절하게 냉혹함을 발휘할 줄 아는 능력, 상황에 맞춰 다소 직관적으로 생각할 줄 아는 능력, 이념에 대한 열정과 이를 유창하게 표현할 줄 아는 능력, 좌절이나 비판에 부딪혀도 쉽게 일어나 건설적인 방향으로 나아가는 능력, 일에 대한 사랑, 결국 사람들을 감화시키고 마는 대의에 대한 결코 포기할 줄 모르는 열정 등이라고 했는데 이는 간디에게 그대로 나타난 것이었다. 물론 이는 간디의 일부에 불과한 관찰이기는 했다.

최근에도 간디의 리더십과 관련해 『경영자 간디』나 『섬김과 나눔의 경영자 간디』(『간디 리더십』의 개정 증보판)가 우리나라에서도 소개되었다. 『경영자 간디』는 독일인 경영 컨설턴트가 쓴 책이고 『섬김과 나눔의 경영자 간디』는 인도 출신의 미국인 경영 컨설턴트가 쓴 책이다.

이런 책들은 간디의 삶에서 정치와 경영의 리더십을 찾아내 정치가와 경영자에게 새로운 정치술과 경영술을 말하고자 하는 것인데 나는 간디가 그런 책들을 읽는다면 크게 놀랄 것이라고 본다. 간디는 국가나 기업을 경영한 적도 없고 그런 것을 꿈꾼 적도 없으며 자신을 리더라든가 자신이 리더십을 가지고 있다고 생각한 적도 없기 때문이다.

간디가 쓴 『자서전』은 그의 저서 중에서 가장 유명한 책으로, 그 부제는 '나의 진실 추구 이야기'다. 정치나 경영의 추구가 아니다. 간디 시대에도 흔했던 정치가나 경영인을 간디는 썩 좋아하지 않았다. 역시 그 시대에 많았던 사회주의자나 노동운동가처럼 정치가나 경영인을 적대시하기는커녕 배척하거나 경원하지는 않았다. 하지만 그렇다고 그들과 함께 골프를 치며 대화를 하거나 독립운동을 하기 위해 정치적으로 결합하거나 돈을 빌려 독립운동 자금으로 사용하지도 않았다.

그래서 나는 그런 책들에 거리감을 느낀다. 간디를 마르크스와 같다고 볼 수는 없지만 그런 책들은 『경영자 마르크스』나 『섬김과 나눔의 경영자 마르크스』, 『마르크스 리더십』이라는 책을 연상시킨다. 누군가 그런 책을 썼을지도 모른다. 그러나 간디나 마르크스는 정치가들이 꿈꾸는 국민국가나 경영자가 꿈꾸는 대기업에 반대한 사람들이었다.

간디는 정치가의 정치가 아닌 인민의 소규모 자치, 경영인의 자본 동원과 기술 혁신에 의한 기업 발전이 아닌 물레로 상징된 민중의 도구와 기술에 의한 자급자족 경제를 추구했다. 그런 그에게는 일반적으로 말하는 유능한 정치가나 경영인이 자리할 수 없다. 적어도 그들의 근본사상이 현대 정치나 자본주의적인 경영에 반대했음을 무시해서는 안 된다.

섬김과 나눔을 몸소 실천하다

『섬김과 나눔의 경영자 간디』는 1994년 미국에서, 『경영자 간디』는 2004년 독일에서 출간되었다. 그리고 각각 2000년과 2004년에 우리말로 출간되었다. 앞서 나온 책에 자극을 받아 후에 책이 출간되었는지도 모른다. 20세기 말과 21세기 초에 이러한 책들이 여러 나라에서 나온 것은 당대의 정치와 경영에 문제가 있다고 생각되어 이를 극복하는 새로운 정치와 경영의 지혜를 간디에게서 찾을 수 있다고 보아서일 것이다. 비슷한 시기에 마틴 루터 킹이나 예수나 부처에서 같은 지혜를 찾고자 하는 책들이 쏟아져 나온 것도 마찬가지 이유일 것이다. 그러나 내게는 킹, 예수, 부처도 간디처럼 정치가나 경영인으로 상상하기란 어려운 일이다.

그들의 삶이 후세 사람들에게 감동을 주고 특히 그들이 싫어한 정치인이나 경영인에게도 감동을 주었다면 이는 역시 그들의 삶이 훌륭하고 보편적인 가치를 갖기 때문이다. 새로운 정치가나 경영인이 킹, 예수, 부처나 간디와 같은 사람들이라거나 그들을 닮으려고 노력한다면 이를 굳이 거부할 이유는 없지만 정치와 경영의 새로운 태도나 기술로써 그들의 삶을 왜곡해서는 안 된다.

여기서 우리가 강조해야 하는 점은 정치와 경영을 비롯한 모든 영역의 리더십이 필요하다는 점이고 그 리더십을 그 누구보다도 간디가 모범으로 보여 준다는 점이다. 그래서 『경영자 간디』의 저자 치들라우는 "미국에서 간디는 권력욕과 부패와의 단절을 강조하는 지도자를 위한 세미나에 단골손님으로 등장한다"고 한다. 『섬김과 나눔의 경영자 간디』의 저자 나이르도 "간디가 실천으로 보여 준 자질들, 예를 들어 개인의 책임, 진실, 사랑, 사람을 공경하는 마음가짐과 용기 등은 우리의 직업과 사회생활 전반에 걸쳐 적용해 볼 수 있다"고 한다. 간디의 리더십은 권력이나 무력에 근거한 것이 아니라 도덕과 봉사에 근거한 것이다.

간디의 '몸소 실천하기'를 대표적인 섬김과 나눔의 리더십이라고 한 리더십 연구는 마틴 루터 킹과 함께 간디를 긍정적 차원의 카리스마적 리더라고도 한다. 카리스마적 리더란 카리스마, 즉 개인이 지닌 영웅적 자질이나 비범한 능력이나 마술적 힘을 갖는 자로 간주되어 그가 갖는 권력의 정당성을 부여받는 리더를 말한다. 그런 카리스마적 리더가 민주주의 시대에는 진정한 리더가 아니라고 한 피터 드러커에 따르면 간디는 우리의 참된 리더일 수 없다. 반면 간디의 리더십을 섬김과 나눔의 리더십이라고 본다면 이는 민주주의 시대에 가장 적합한 것이다.

따라서 간디를 카리스마적 리더로 보면서도 다시 섬김과 나눔의 리더라고 함은 모순이다. 카리스마적 리더는 결코 섬김과 나눔을 그 리더십의 본질로 행하지 않기 때문이다. 간디 개인은 영웅적 자질이나 비범한 능력이나 마술적 힘을 갖지 않았다. 후대 사람들이 그렇게 보기도 했지만 이는 인간 간디의 본질을 모르고 한 말이다.

간디 리더십을 섬김과 나눔으로 보는 것은 옳지만 『섬김과 나눔의 경영자 간디』의 저자 나이르는 사실 나눔보다는 섬김이라는 점을 간디의 리더십으로 보고 있다. 섬김의 리더십을 서번트 리더십(servant leadership), 즉 시종의 리더십이라고 한다. 또는 인간 중심 리더십이라고 한다. 이는 타인을 위한 봉사에 초점을 두고 종업원, 고객 및 지역을 우선으로 여기며 그들의 욕구를 만족시키기 위해 헌신하는 리더십으로서 경청, 공감, 치유, 부하들을 위해 자원을 관리해 주는 스튜어드십, 부하의 성장을 위한 노력, 공동체 형성을 특징으로 한다. 간디는 의회 의원을 봉사하는 머슴이라고 부른 적이 있다.(《영 인디아》 1925. 11. 19)

한편 번역서의 제목과 달리 나눔의 리더십에 대해서 나이르 등은 주목하지 않는다. 이는 리더십을 정치가나 경영자가 개인적인 지도력 자질의 차원에만 주목하기 때문이다. 반면 나눔은 국가나 기업 내부의 재산이나 지위 등의 공정한 분배를 뜻한다. 나는 이러한 측면까지 포함해서 간디의 리더십을 검토해야 한다고 본다.

나아가 간디의 리더십을 섬김과 나눔으로만 파악하는 것은 그 리더십의 일부에 대한 관찰에 불과하다. 이상적인 리더십의 내용으로는 그밖에도 여러 가지가 있을 수 있기 때문이다. 가령 마리아 바르티로모와 캐서린 휘트니는 『성공하는 리더의 10가지 원칙』이라는 책에서 그 열 가지로 자각, 비전, 이니셔티브, 용기, 정직, 적응, 겸손, 인내, 목표의식, 끈질김을 들었다. 간디는 그 모두를 겸비한 점에서 가장 완벽한 리더라고 할 수 있다. 물론 그뿐만이 아니다. 그 밖에도 간디가 가진 리더로서의 자질 내지 철학은 더 많을 수 있다. 그중 무엇보다도 중요한 간디 철학의 핵심은 진실 추구와 비폭력이다. 그리고 언행일치로 만인에게 모범이 된 점이다. 그러나 더욱더 중요한 점은 갈등의 조정자 내지 통합자로서의 리더가 갖는 능력이다.

부당에 맞서 정당을 외치다

우리는 간디를 인도 독립의 리더, 종교적 리더, 농민운동의 리더 등으로 생각하는 경향이 있다. 그러나 간디는 기업과 직접 관련된 노사분쟁에도 관여했다. 간디를 경영자라고 본다면 간디의 그러한 측면을 무시할 수 없다. 인도에서는 1차 세계대전 동안 산업화가 본격적으로 전개되었다. 당시 영국 식민지 당국도 산업화 정책을 폈고 그 자본의 주축은 영국인이었지만 많은 인도인이 농촌에서 도시로 급격하게 흘러들었다. 농촌을 중시하고 도시 중심의 물질문명을 혐오한 간디로서는 같은 산업화가 전개된 19세기 영국에서처럼 러다이트 운동(Luddite Movement)과 같은 기계파괴 운동의 지도자가 될 수도 있었고 그 뒤의 노동운동가나 사회주의 운동가가 될 수도 있었다. 그러나 그는 파괴운동이나 노동운동, 사회주의 운동에 결코 나서지 않았고 노사조정자 입장에서 문제를 해결했다.

그 하나의 사례는 1918년, 아메다바드의 섬유 공장 노동자들이 극심한 고통을 겪어 오다가 빈약한 임금의 50% 인상을 비롯한 노동조건의 개선을 요구했을 때 간디가 취한 태도였다. 경영인들의 대표는 이전부터 간디를 지원한 방직공장의 주인인 암발라 사라바이로 20% 인상을 주장했다. 간디는 상황을 철저히 검토한 뒤 사용자들에게 그들의 재산은 신이나 노동자로부터의 수탁에 불과하다는 논리에서 조정을 도모해 적절한 조정안인 중간치 35%의 임금 인상안을 제시했다. 그러나 경영자 측은 간디가 제시한 조정안을 거부하고 최종 시한인 22일이 지나자 노동자들을 해고했다.

그러자 간디는 노동자들에게 2주간의 파업을 권유했다. 이를 요즘 우리나라 기업인이나 정치인의 용어를 빌리자면 불순 세력의 선동이 될 것이고 즉각 불법파업 운운하며 공권력을 동원할지 모른다. 그러나 1918년 식민지 인도에서도 그런 일은 일어나지 않았다. 우리의 경우 지금도 이는 소위 제3자 개입에 해당된다는 점에서 문제가 된다. 1918년 인도에서도 사용자는 부당한 제3자 개입이라고 주장했다. "우리와 노동자의 관계는 부모와 자식의 관계입니다 … 우리가 어떻게 제3자 개입을 묵인할 수 있겠습니까? 조정의 여지가 어디 있겠습니까?" 그러나 간디는 그 '자식'이 '부모'에게 얼마나 착취당하는지를 잘 알고 있었으므로 그러한 사용자들의 논리를 거부했다.

　1918년 인도에서는 제3자 개입이 우리나라처럼 법으로 금지되는 것이 아니라 사용자가 거부한 것에 불과했다. 따라서 우리나라에서 제3자 개입을 금지하는 것은 사용자의 뜻 그대로라고 할 수 있다. 그래서 우리나라 노동법은 아직도 노동악법이고, 노동자법이 아니라 경영자법이라고 할 수 있다. 1918년 인도에서는 사용자가 조정도 거부했다. 그런데 이 조정은 제3자 개인의 조정임을 주의해야 한다. 반면 우리나라에서는 사용자가 조정을 좋아한다. 그 조정자가 국가이기 때문이다. 간디는 21세기 한국에서도 파업에 관여할 수 없는 제3자로서 관여 자체가 무거운 형벌을 받게 된다.

　한국에서는 아직도 파업 자체에 대한 불신이 있고 대부분의 파업은 불법파업으로 여겨져 엄중한 민형사 책임을 지도록 되어 있다. 20세기 초 영국은 물론 식민지 인도에도 없던 엄격한 절차들을 정한 법이 한국에는 존재하고 그것을 조금이라도 어기면 불법파업으로 처벌되고 엄청난 손해배상금을 물어야 한다. 파업 이전에 많은 노동자들이 노동조합의 결성마저 부정당하고 노사가 자율적으로 결정할 노조 전임자 임금이나 단체교섭도 법으로 규제하고 있다. 초과노동을 비롯한 노동조건도 사실상 강제되고 있어서 노동시간은 세계 최장이고 산업재해 발생도 세계 최대다.

　만약 간디 같은 사람이 지금 한국에 있다면 언론은 어떻게 쓸

까? 법 위반일 뿐 아니라 그 자체가 자유시장 논리에 어긋나 부당하다고 하며 맹비난을 퍼부을 신문들도 있으리라. 그러나 1918년 식민지 인도에도 그런 신문은 없었다. 당시 신문은 "손해만 보았지 얻은 것이라고는 거의 없었던" 파업에 간디가 왜 관여하는지 의심스럽다고 했을 뿐이었다. 당시 영국 식민지 관료들이나 기업인들도 그렇게 생각했을 것이다. 뿐만 아니라 노동운동가나 사회주의 운동가도 그렇게 생각했다. 반면 우리나라에서는 그보다 더욱 위법적이라고 생각하는 경향이 있다. 그러나 간디는 그렇지 않았다. 인간으로서 참을 수 없는 부당한 일을 돕는 것이 인간에게 정당한 일이고 책임이 아닌가? 그래서 노동자들에게 파업을 권유한 것이 아닌가? 그러나 21세기 대한민국에서는 노동자들에게 파업을 권유하면 죄가 된다. 이것이 1세기를 사이에 둔 인도와 한국의 차이다. 그럼에도 우리는 인도를 우리보다 후진국이라고 할 수 있는가?

진실한 파업은 통하는 법

노동자들의 파업 전에 간디는 경영인이 노동자들의 요구를 받아들이거나 조정에 동의하지 않는 한 직장에 돌아가지 않겠다고 서약하게 하고 파업 성공의 조건을 다음과 같이 설명했다.

- 폭력을 사용하지 말 것
- 파업 방해자를 괴롭히지 말 것
- 자선에 의존하지 말 것
- 아무리 오래가도 흔들리지 말고 파업 기간 동안 다른 정직한 노동으로 벌이를 할 것

파업 지도자들은 그 조건을 이해하고 받아들였다. 노동자들은 총회에서 그들의 요구 조건이 받아들여지거나 공장주들이 조정 회부에 동의하지 않는 한 일을 다시 하지 않겠다고 결의했다. 이어 간디는 매일 파업노동자들을 만났다. 수천 명의 노동자들은 간디의 이야기를 듣고 '서약을 지키자'고 적힌 깃발을 들고 시내로 행진했다. 파업이 평화롭게 진행되자 여론은 그들에게로 돌아섰다. 파업노동자들은 파업 불참자들이 공장에 들어가는 것을 방해하지도 않았다. 파업이 장기화되면서 노동자들이 굶주리게 되자 간디는 사용자 대표인 사라바이에게 편지를 썼다.

사라바이 씨가 이기면 이미 억압받고 있는 가난한 사람들은 더욱 억압받을 것이며, 전보다 더 비천해질 것입니다. 그 결과 돈이 모든 사람을 굴복시킬 수 있다는 사실이 확인되었다는 생각을 하게 될 것입니다. … 사라바이 씨는 돈의 오만이 커지기를 바랍니까? 노동자들이 완

전한 굴종 상태로 전락하기를 바랍니까? 사라바이 씨는 그들이 당연히 얻을 것을 얻는 것이 곧 사라바이 씨의 승리라는 것을 알지 못할 만큼 그들에게 냉정합니까? … 내가 기울이는 노력은 사탸그라하(진실관철운동)입니다. 사라바이 씨의 마음속을 깊이 들여다보고, 내부의 아주 작은 목소리에 귀를 기울이고, 그 목소리를 따르기 바랍니다.

파업이 장기화되면서 노동자들이 흔들리자 간디는 파업의 속행을 요구하며 단식에 들어갔다. 그 결단의 순간을 간디는 『자서전』에서 다음과 같이 말했다.

어느 날 아침 방직공 모임에서 아직도 나아갈 길을 분명히 알지 못해 방황하는 나에게 빛이 지나갔다. 자발적으로, 정말 저절로 말이 나의 입술에서 흘러나왔다. "파업자들이 뭉치지 않는 한" 나는 집회를 향해 선언했다. "해결이 될 때까지 파업을 계속하지 않는 한, 또는 그들 모두 공장을 떠날 때까지 나는 아무것도 먹지 않겠습니다."
노동자들은 모두 놀랐다. 아나수야벤의 뺨에서 눈물이 흘러내리기 시작했다. 노동자들이 부르짖었다. "당신이 아니라 우리가 단식을 해야지요. 당신이 단식을 한다니 말도 안 됩니다. 우리의 잘못을 용서하세요. 이제 우리는 끝까지 맹세를 지키겠습니다."
"여러분이 단식할 필요는 없습니다." 내가 답했다. "여러분의 맹세를 끝까지 지키면 됩니다. 아시다시피 우리에게는 돈이 없고, 사회의 동정을 받으면서 파업을 계속하고 싶지는 않습니다. 따라서 다른 노동을 해서 죽지 않을 정도라도 생계를 유지해야 합니다. 파업이 아무리 오래가도 생계를 유지해야 합니다. 내 단식은 파업이 해결되어야 끝날 것입니다."

간디는 파업을 진작시키기 위해 노동자들이 목표를 달성할 때까지 단식을 이어갔다. 결국 기업 측은 굴복하고 간디의 조정안을 받아들였다. 사용자들은 단식 3일 뒤에 조정에 합의해 21일에 걸친 파업은 끝났다. 당시 막 성장을 시작한 사용자들은 노동자들과 대결하기보다는 간디를 통해 노동자를 관리하는 쪽이 필요하다고 생각해 조정에 응했다. 『간디의 진실』을 쓴 에릭슨은 간디의 사상과 행동의 출발점을 위 파업에서 찾았다. 간디는 파업에 대한 이야기의 마지막에 다음과 같이 썼다.

우리나라는 혹독한 가난과 기근에 빠져 있기 때문에 매년 더욱더 많은 사람들이 거지가 되고 있다. 먹을 것을 구하는 그들의 처절한 투쟁은 고상함이나 체면에 무감각하게 만든다. 그리고 우리의 자선가들은 그들에게 일자리를 주어 밥벌이를 하게 하는 대신, 동냥만 하고 있다.

간디의 행동에서 얻을 수 있는 교훈이란 정치가나 경영인은 노동자의 요구를 가능한 한 들어주고 노동자가 파업을 하더라도 이를 방해하지 말아야 하며, 노동자들이 파업을 진실을 추구하기 위한 윤리적인 방법으로 하도록 지도해야 한다는 것이다.

공존과 타협을 추구하다

파업에 대한 간디의 이러한 입장에 대해 공산주의자들의 비판이 당연히 제기되었다. 그것이 노동자의 정치적 총파업으로 변하는 것에 대한 부르주아적 공포를 반영한 것에 불과하다고 보는 것이다. 이러한 비판은 간디가 사탸그라하를 부르주아 계급의 주도하에 둬야 하고, 그것이 폭력화하면 단식 등을 통해 막고자 한 점 등에 대해서도 그대로 적용될 수 있다. 이러한 비판은 앞에서 보았듯이 간디가 자본을 독점하는 재벌을 비판했지만 자본 자체를 부정하지 않았다는 점에서 당연한 것이라고도 할 수 있다. 간디는 다음과 같이 말했다.

> 내 활동의 어느 것도 편협되지 않으며, 내 종교가 진실과 비폭력으로 시작해서 끝나는 것처럼 노동에 대한 일체감이 자본에 대한 내 친밀감과 충돌하는 것은 아니다. 자본과 노동은 서로 보완하고 도와야 한다. 이 둘은 화합과 조화 속에서 사는 하나의 큰 가족이 되어야 한다.

자본은 노동자의 물질적 복지뿐만 아니라 정신적 복지까지도 존중해야 하며, 자본가들은 노동자 계급의 복지를 위한 이사가 되어야 한다.(《영 인디아》 1925. 8. 20)

나는 자본가와 노동자 간의 올바른 관계 수립을 위해 존재한다. 나는 전자의 우위성이 후자의 노동 위에 군림하는 것을 원치 않는다. 양자 사이에는 어떠한 자연발생적인 반목도 없어야 한다. 부자와 빈민은 항상 우리와 함께 있을 것이다.(《영 인디아》 1925. 1. 8)

저는 자본이 노동의 적이라고 생각하지 않습니다. 저는 이 둘 사이에 완벽한 조정이 가능하다고 생각합니다. 남아프리카, 참파란, 아메다바드에서 제가 맡았던 노동자 조직은 자본가에 대한 적개심이 없었습니다. 상황에 따른, 그리고 필요하다고 생각한 범위 안에서의 저항이 모두 성공했습니다.

중요한 것은 간디가 조정을 중시했다고 하는 점이다. 이는 그가 변호사로서 활동하면서도 법적 분쟁의 해결을 위해 재판이 아니라 조정을 가장 중시한 것의 연장이고, 영국과의 독립 투쟁에서도 끝까지 견지한 원칙이었다. 그런데 이는 무원칙한 기회주의적 타협이거나 편의주의적인 절충이 아니라 그 자신의 원칙인 진실 추구를 위해 상대방을 존중하면서 자신의 요구를 관철하는 길이었음을 주의해야 한다. 그러나 위의 말에 뒤이어 간디는 다음과 같이 말했다.

> 저의 이상은 공평한 분배지만 제가 아는 한 아직 실현되지 않았습니다. 그러므로 저는 인도산 면직물(khaddar)을 통해서 이를 얻고자 합니다. 이 성취를 통해 영국의 착취를 무화시키는 것이 핵심이므로, 영국과의 관계를 깨끗하게 하도록 의도된 것입니다. 이러한 의미에서 인도산 면직물이 자치로 가는 길인 것입니다.

간디는 거대 자본주의가 억압과 계급투쟁을 의미한다고 보았고 궁극적으로 인간은 임금노예제에서 완전히 해방되어야 한다고 생각했다. 이를 위해 그는 물레 짓기 운동으로 나아갔다. 그는 그것이 공평한 분배로 가는 첩경이자 독립을 쟁취하는 길이라고 믿었다. 그것은 그 나름의 사회주의적 이상이자 애국의 이상이었다. 그러나 이상은 어디까지나 이상이었을 뿐 그에게는 완전한 현실이 아니었다.

간디가 기업 경영에 관여한 것은 위 사건이 거의 유일했다. 그러나 이 사건의 교훈은 기업에 강력한 영향을 미쳤고 최악의 힘의 남용을 억제하는 역할을 했다. 그리고 직조 노동자 협회라는 산별 노동조합의 성장에 주도적인 역할을 했다.

지금까지도 활동하고 있는 그 노동조합은 다른 산별 노동조합에 비해 노동자들에게 더 높은 임금과 양호한 노동조건을 제공, 10만 명의 조합원을 거느리며 사회, 문화, 교육, 시민 활동 등 광범한 활동을 하고 있다. 그리고 그 본부 입구에는 노동자의 리더로 묘사된 간디의 초상이 그려져 있다.

노동과 자본의 공존을 인정하면서 그 통합을 추구하는 간디의 입장을 보여 준 위의 사례는 정치 영역에서도 마찬가지로 나타났다. 가령 1920년대에 국민회의가 자치령파와 완전독립파로 분열되자 간디는 그 타협을 위해 노력했다. 즉 완전한 독립이라는 목표를 고수하면서 국민회의는 자치령을 받아들이고, 1년 안에 자치령이 인정되도록 노력하되 그것이 인정되지 않으면 완전 독립을 수용하며 이를 위해 비폭력 비협력운동을 조직한다는 것이었다.

그러나 간디는 경제 차원에서 임금제도철폐를 주장했듯이 국가는 악이고 본질적으로 억압을 행사하는 특권적 기관이라고 보고 마을 공화국이 서로 협력하는 연방형태를 추구했다. 그리고 연방은 물론 마을 차원에서도 다수가 지배하는 서구 민주주의가 아니라 다수와 소수가 협력해야 한다고 주장했다.

요컨대 그의 이상은 다양성 속의 통일성, 즉 융합이 아닌 상호존중에 입각한 공생, 공영, 공존이었다. 간디는 "다양성에서 일치감에 이르는 우리의 능력은 우리 문명의 미덕이고 시험이 될 것《영인디아》1925. 1. 8)"이라고 했다 이처럼 리더는 원칙 있는 정치적 타협을 추구해야 한다.

실용적 상징의 창조

위에서 본 1918년 아메다바드의 단식이 간디의 최초 단식이었다. 그 뒤 단식은 간디의 독특한 정치 행동으로 반복되었다. 부당한 법이 만들어지면 그것이 철회될 때까지 단식을 했고, 사람들이 그의 말을 듣지 않고 싸우면 싸움이 중단될 때까지 단식을 했다. 특히 1930년대의 불가촉민 해방을 위한 단식, 1947년 독립 전후의 힌두-무슬림 분쟁을 종식시키기 위한 단식이 유명하다.

여기서 우리는 단식이란 인도인이라면 누구나 어린 시절부터 익숙한 '자기 억제=자기 정화'의 종교적 상징 행위였음을 주의해야 한다. 즉, 단식은 인도인에게 가장 효과적인 투쟁 방식이라는 점에서 간디가 선택한 것이지 인도 밖에서 함부로 모방할 수 있는 보편적인 투쟁 방법이 아니라는 점이다. 그런 점에서 간디의 단식을 비롯한 투쟁 방법은 인도에서만 가능한 인도 풍토의 것이었다. 그런 점에서 지금 우리가 채택하는 단신 투쟁의 방식은 우리 풍토와 맞지 않는다고 볼 수도 있다.

 단식으로 점점 여위어 가는 간디를 눈으로 직접 본 인도인들은 감동했다. 스스로 굶주림을 견디며 기도하며 죽어도 상관없다고 하는 간디의 모습에 감동하지 않을 사람은 없었다. 자신들이 싸움을 멈추지 않으면 간디가 죽게 된다는 것을 누구나 쉽게 알 수 있으므로 싸움을 멈추게 된다. 그리고 간디의 진실을 믿게 되고 자신들의 행동이 진실한 것인지를 반성하게 된다. 간디는 자신이 고통을 참는 것이 상대방의 좋은 성질을 흔드는 것이라고 했다. 반면에 비만한 몸매의 정치인이나 경영인들의 말은 설득력이 있을 수 없다.

 단식과 함께 독특한 간디의 상징적 정치 행동은 걷기였다. 그중에서도 1930년의 소금행진이 대표적이다. 그런데 1929년 말 네루(1889~1964)가 지도한 '국민회의'는 전국 대회를 열고 완전독립을 결의하고 대영 투쟁을 시작했다. 그런 때에 간디의 소금행진은 네루 등에게 너무나 의외였다. 할 일이 많은데 뜬금없이 소금행진이라니 그들에게는 답답한 노릇이었다. 그러나 간디는 소금이 곧 독립 쟁취의 상징이라고 생각했다.

 소금은 누구에게나 생존에 필요한 것이자 누구의 소유도 아닌 자연이었다. 그럼에도 영국인이 소금을 독점해 인도인에게 고가로 사도록 강요했다. 소금을 자기 손으로 만든다는 발상은 식민

지배의 근본적인 부조리를 민중에게 호소하기에 너무나도 알기 쉬운 상징이었다. 그래서 간디의 소금행진에 수십만 명이 참여했다. 이는 독립운동을 일부 엘리트가 아니라 민중까지 참여하게끔 했다.

그리고 그 민중에는 이슬람, 기독교, 힌두교, 불가촉민들이 모두 참여했다. 이는 당시 종교적 대립이 현저했던 인도에서는 그 대립을 넘어서는 획기적인 방법이었다. 그러한 종교적 대립은 인도의 독립을 저지하기 위해 영국이 취한 교묘한 식민 지배 전략에 의해 격화되었다.

그전의 전통 인도에서는 힌두교도와 이슬람교도는 일상에서의 성자숭배 등을 통해 서로 연결되어 서로의 의례 속에 다른 종교의 요소가 포함되었으나, 영국은 인도인들에게 하나의 종교만을 선택하게 하고 서로의 혼합적 요소를 배제했다. 영국의 오리엔탈리스트들은 힌두를 하나의 종교로 체계화해 이슬람과 대립되는 것으로 만들었고 그 대립은 식민지 기간에 더욱 강화되었다.

이를 정확하게 인식한 간디는 그런 종교 대립을 극복하기 위해 그 모든 종교인에게 호소할 수 있는 종교적 행위로써 그들을 단결시키고자 했다. 즉, 소금행진은 최소한의 옷을 걸친 마른 몸의 노인이 먼 길을 걸어가 소금을 만든다는 행동을 통해 사람들을 움직인 독특한 정치 행동이었다. 여기서 '걷기'는 정치적 행위이자 종교적 행위였다. 즉 종교적 정치 행동이었다. 종교 대립을 넘어 종교적 상징 행위를 공유하는 것이야말로 간디가 추구한 보편성의 진실이었다.

간디가 택한 제3의 상징적 정치 행동은 물레 돌리기였다. 소금과 마찬가지로 물레는 인도의 전통을 상징했다. 물레로 짠 면은 전통 인도에서 가장 중요한 산업이었고 18세기까지 영국은 인도로부터 수제 면포를 수입했다. 그러나 산업혁명으로 영국의 직물 공업이 발달하자 영국은 원료인 면만을 인도에서 염가로 수입하고 기계 섬유 제품을 인도에 수출했다. 그 결과 인도의 면직 산업은 엄청난 타격을 입었다.

1921년 간디는 독립은 경제적인 것에서부터 시작된다고 인식하고서 영국제 면제품을 거부하기 시작했다. 영국제 양복과 포를 불사르고 사람들에게 물레를 돌리자고 호소했다.

간디는 영국 산업만이 아니라 기계에 의존하는 현대사회가 인간을 물욕의 노예로 만든다고 비판했다. 그러나 그는 기계 자체가 아니라 기계에 광신하는 서양 문명을 비판했음을 주의해야 한다. 이는 속도와 경쟁에 광신하는 서양 문명에 대한 비판이기도 했다. 또한 물레는 인도 빈곤층에게 새로운 경제적 이익을 가져다 주었다.

굴복은 신에 대한 범죄다

이상 세 가지 투쟁 방법은 그 요구사항이 매우 구체적이라는 점에 주목해야 한다. 가령 소금행진의 경우를 보자. 1929년 대공황의 영향은 전 세계에 미쳤고 다른 나라에 비해 인도에서는 좀처럼 회복세가 보이지 않았다. 1930년대의 인도는 경제적으로 몹시 어려웠다. 물가는 하락하고 수요는 감퇴했다. 특히 수출용 상품 작물의 가격 하락은 농촌에 치명타였다. 농산물 가격이 급락하면서 옷, 기름, 설탕 등 주요 상품의 소비도 줄어들고 부채가 늘면서 농가들은 파산했다.

1930년 1월에 간디는 그달 26일을 독립의 날로 정하고 더 이상의 굴복은 인간과 신에 대한 범죄라고 선언했다.

우리는 자유를 얻고 자신의 노동의 열매를 즐기고 삶에 필수적인 것들을 확보하는 것, 그렇게 해 성장을 위한 기회를 얻는 것이 다른 민족의 경우와 마찬가지로 인도 민족의 양도할 수 없는 권리라고 믿는다. 우리는 또한 어떤 정부가 국민에게서 이런 권리를 빼앗고 국민을 억압한다면, 그 국민에게는 그런 정부를 바꾸거나 폐지할 권리가 있다고 믿는다. 인도의 영국 정부는 인도 민족으로부터 자유를 빼앗았을 뿐만 아니라 저열하게 대중을 착취했으며, 경제적으로, 정치적으로, 문화적으로, 정신적으로 인도를 파멸로 몰아넣었다. 따라서 우리는 인도가 영국인들과 관계를 단절하고 푸르나 스와라지, 즉 완전한 독립을 얻어야 한다고 믿는다.

이어 4일 뒤, 독립의 실체를 다음 11개 항목으로 제시하고 그것들이 관철되지 않으면 불복종운동, 특히 소금세법에 대한 위법 행동을 벌이겠다고 선언했다.

- 주류 거래 완전 금지
- 환율 인하로 인한 루피화 재평가
- 토지세 50% 이하 인하
- 소금세 폐지
- 군사비 최소 50% 삭감
- 관료의 급료 50% 삭감
- 외국 의류에 대한 보호관세
- 인도 선박의 근해 보호법안 시행
- 살인을 범하지 않은 정치범 석방
- 국민회의 억압을 위한 범죄수사부 폐지 또는 인민에 의한 관리
- 인민이 관리해서 발행하는 총포 허가증 발행

이는 영국이 초래한 최악의 구체적 폐해를 총망라한 것이었으

나 그 요구사항에는 독립은커녕 자치의 요구도 없었음을 주목해야 한다. 사실 독립의 실체치고는 다소 기이하게도 보인다. 따라서 네루를 비롯한 많은 사람들은 당혹해했다. 그러나 이는 현실을 고려한 철저한 선택이었다.

   루피화 재평가나 보호관세는 기업인들, 토지세 삭감은 농민들을 위한 것이었다. 그래서 그 요구들은 모두의 투쟁 목표가 되었다. 간디는 총독이 이러한 개혁 요구를 받아들이면 진실관철운동은 중단해야 한다고 주장했다. 따라서 이는 영국이 권력을 포기하고 개심할 의사가 있는지를 판단하는 시금석 같은 것이었다.

욕망을 이기는 절제

기발하고 빛나는 도전

1930년 3월 2일, 간디는 총독에게 '친애하는 친구에게'로 시작되는 편지로 11개 항목에 대해 상세히 설명했다. 가령 총독의 월급은 인도인 평균 소득의 5000배에 해당된다고 했다. 그리고 11개 요구항목을 받아들이면 "동등한 자들 사이의 협의를 위한 길이 열리게 될" 것이라고 했다. 그렇지 않으면 9일 뒤 진실관철투쟁을 시작하겠다고 알렸다. 그러나 총독은 단 네 줄의 편지로 거부했다. 간디가 있는 사바르마티 아슈람은 긴장에 휩싸였고 기자와 카메라맨, 사람들이 운집했다.

간디는 행동에 나섰다. 이는 "현대의 정치적 도전 중에서 가장

기발하고 빛나는 도전이었다." 폭력의 위험을 최소화하면서 최대 압력을 행사하기 위해 그가 선택한 것은 인도인들이 직접 소금을 만들어 소금세의 짐을 벗어나자는 것이었다. 소금은 무더운 인도에서 인간과 가축에게 필수불가결한 것이었다. 과거에 인도인은 직접 소금을 만들거나 천연 염전에서 소금을 퍼다 썼다. 그러나 무굴 제국에 이어 영국은 그것을 금지했다. 가족을 거느린 노동자의 경우 1년 동안에 내는 소금세는 2주간의 임금과 같았다.

12일 새벽, 대나무 지팡이를 든 간디가 선두를 서고 78명의 아슈람 회원과 함께 사바르마티를 떠났다. 그 명단은 《영 인디아》에 실려 경찰의 수고를 덜어주었고 모든 계획을 사전에 공표했다. 그 중에 여자는 없었다. 그 이유를 간디는 다음과 같이 설명했다.

우리는 우리의 상대도 고려했습니다. 우리는 지금 고난을 겪고자 합니다. 고문이 있을지도 모릅니다. 우리가 여자를 앞세우면 정부는 우리에게 심한 벌을 내리는 것을 망설일지도 모르므로 나는 고상한 기사도 정신에 따라 첫 무리에는 여자들을 넣지 않기로 결정했습니다.

60세의 간디는 가장 먼저 아침 4시에 일어나 등불도 없이 달빛에 편지를 쓴 뒤 기도를 올리고 나서 6시 반부터 하루 19km를 누구보다도 빨리 걸었다. 그 걸음은 흔들리지 않았고 단 한 번도 말이나 수레에 타지 않았다. 시골에서 멈출 때마다 마을 사람들에게 짧은 연설을 해 11개 요구사항을 설명했다. 가난한 농촌 사람들에게 소금세의 폐지는 독립처럼 중요한 것이었다. 공장, 학교, 상점 등이 모두 문을 닫았고 2500명이 항의 집회에 모였다. 그 사이 그들은 하루 한 시간씩 물레질을 했고 해가 지고 뜰 때 기도를 함께 했다. 간디는 일기, 연설문, 《영 인디아》에 실을 글을 매일 밤마다 썼고, 잠이 들기 전까지 사람들과 계속 이야기를 했다.

390개 촌락에서는 간디를 지지한 촌장들이 사임을 해 행정이 마비되었다. 그럼에도 영국인들은 소금행진이 선전에 불과하다고 폄하하고, 흐지부지 끝날 줄 알고 간디를 즉각 체포할 생각도 하지 않았다. 그러나 간디의 의지는 결연했다.

오늘 우리는 소금법에 도전하고 있습니다. 내일 우리는 다른 법들을 휴지통에 집어넣어야 합니다. 이런 식으로 우리가 엄중한 비협조를 실행에 옮기면 결국 행정은 마비될 것입니다. 정부더러 우리에게 규칙을 적용하고, 우리에게 총을 쏘고, 우리를 감옥에 보내고, 우리를 교수형에 처하라고 하십시오. 그러나 얼마나 많은 사람들에게 그런 벌을 내릴 수 있겠습니까? 영국인들이 3억 명을 교수형에 처하는 데 시간이 얼마나 걸릴지 계산해 보십시오.

24일 동안 380km를 걸은 뒤 행렬이 던디에 이르자 수천 명이 함께 있었다. 거기에는 이슬람, 기독교, 힌두교, 불가촉민들이 모두 포함되었다. 이어 많은 사람들이 가담했다. 그리고 철야기도를 한 다음 날, 바닷가에서 소금 한 줌을 집어 들었다. 4월 6일, 간디 스스로 법을 위반해 소금을 만들었다. 그리고 회의파의 모든 사람들에게 불복종운동을 개시하도록 명해 운동은 전국으로 번져나갔다. 이슬람과 불가촉민은 소극적이었으나 인도 농촌은 간디에 열광했다. 소금행진은 전 세계에 알려졌다.

이어 많은 인도 전역에서 불법으로 소금을 팔았고 10만 명이 구속되었다. 간디도 1930년 5월 5일, 구속되었다. 그러나 간디는 끝까지 냉정했다. 그는 던디 해변 주변에 머물며 회의를 하고 지시를 내렸으나 그밖에는 철저히 말을 아꼈다. 소금 운동과 함께 외국 의류 보이콧과 카디 착용 등의 조치도 강화했다. 들어온 기금은 철저히 회계 처리를 하게 했다. 그리고 경찰과 군대의 폭력에 항의하고 이는 그것들에 맞선 폭력을 불러일으킨다고 경고했다.

물레와 소금, 상징으로 싸우다

물레와 소금을 인도 독립운동의 상징으로 삼은 것은 그야말로 리더로서의 간디가 가진 비범한 능력이었다. 그전에 국민회의는 힌두교 신이나 영웅을 그 상징으로 삼았다. 그러나 이는 이슬람교도를 비롯한 다른 교파를 포용할 수 없었다. 이에 비해 간디는 종교적, 문화적으로 중립이고 서양 기계문명에 대립하는 상징인 물레와 소금을 국가통합의 상징으로 사용했다. 특히 인도 생활에 필수적인 소금의 세금을 거부함으로써 식민지 지배의 부정을 인민에게 알렸다.

물론 운동이 성공한 배경에는 1929년의 대공황이라고 하는 세계사적인 사실이 있었다. 게다가 당시 영국에서는 1928년부터 집권한 노동당에 의해 인도 독립 쪽으로 기울었다는 정세 변화도 있었다. 그 영향으로 당시까지 친영적이었던 농촌에까지 반영주의가 침투했고, 간디는 이를 소금행진으로 독립운동에 연결시켰다. 즉, 종래 엘리트들만의 독립운동이 이제 민중의 독립운동으로 변한 것이다. 소금행진은 간디가 지도한 운동 가운데 최대 규모였으나 간디는 한 달 뒤 투옥되었고, 그 뒤 10만 명이 넘는 인도인이 투옥되었다. 1931년 1월 26일, 간디가 석방되자 인도 총독은 간디와 협상을 하고 해안에서는 소금을 제조해도 좋다고 합의했다. 이는 총독이 인도인과 대등한 입장에서 협상한 최초의 사건이었다.

그러나 이는 원래의 11개 요구사항을 충분히 반영한 것이 아니었다는 점에서는 성공이라고 보기 어려웠다. 심지어 항복이라고 본 사람들도 있었다. 반면 간디는 독재가 아닌 협상을 얻어낸 것에 만족했다. 사실 그는 완전한 독립을 애초부터 기대하지 않았다. 대중들도 마찬가지였다. 그는 인도인들의 정신을 해방시키고 그들이 두려움을 이겨낼 수 있는 진실성과 주체성과 공공성을 갖도록 가르친 것이었다. 이제는 어떤 압력도 그들을 과거로 돌아가게 하지 못했다.

위 사건을 두고 "도덕적 원칙에 대한 서약을 전략에 포함한다면 당신의 맞수도 경의를 보낼 것"이라고 하며 이로써 조직 내의 모든 사람이 "의욕을 갖게" 되며 고객, 종업원, 주주의 도의심에 호소하게 되는 리더십의 원칙을 찾을 수 있다는 경영 컨설턴트가 있다. 그는 "결과적으로 오늘날 많은 기업이 환경에 대한 정책의 성공으로, 또는 탁아소를 설치하거나 자격 있는 소수파를 고용한다든지 승진시킴으로써 번영을 누리고 있다"며 "도덕적 차원이 경쟁력을 높이는 것"이라고 한다.

그러나 소금행진의 리더십은 그러한 도덕성 이전에 소금과 걷기라는 상징적 정치 행동을 능숙하게 구사함으로써 민중의 단결을 이끌고 민중에게 자존감을 심어 준 점에 있음을 주목해야 한다. 특히 걷기가 갖는 종교적 상징에 설득력이 있다. 그러나 여기서 주의할 것은 그것이 인도에서는 당연히 종교적인 호소력을 갖는 행위였으나 일반적으로는 종교적 행위가 아니라 도덕적 호소력을 갖는 정치적 상징 행위라고 봐야 한다는 점이다.

지금 우리가 던디를 방문하면 소금행진의 기념물이라고는 한 그루의 나무 밑에 있는 푯말 하나가 전부인 것을 알고 놀라게 된다. 동상도 흉상도 기념비도 없다. 이를 두고 역사를 모르게 하는 짓이라고 비난할 필요는 없다. 외제 대리석으로 화려하게 묘역을 장식한들 소용없는 일이다.

종교적 진실주의자

위의 몇 가지 구체적 사례를 염두에 두면서 다시 간디의 진실 추구라는 리더 철학이 무엇인지 생각해 보자. 간디는 무수히 반대되는 사상의 소지자라는 비난 내지 칭송을 받아 왔으나 나는 독일 출신의 미국 심리학자 에릭슨이 간디를 '종교적 진실주의자(religious actualist)'로 본 것이 옳다고 생각한다. 여기서 '진실주의자'라고 번역한 'actualist'는 '현실주의자'로도 번역된다. 우리는 현실주의라고 하면 이상주의에 반대되는 것으로 보거나 잘못된 현실에 영합하는 것이라고 보통 생각한다. 그러나 비현실적인 환상에 빠지지 않고 현실을 직시하면서 그 현실을 극복하는 데 가장 적합한 이상을 추구하는 것이 현실주의일 수 있다. 나는 그러한 현실주의를 진실주의라고 한다. 에릭슨은 그 앞에 '종교적'이라는 말을 붙였으나 나는 굳이 그런 수식을 붙이지 않아도 된다고 생각한다.

간디는 소년 시절의 사소한 경험에서 보편적인 진실을 추구했다. 이는 누구에게나 진실이다. 물론 누구나 나이가 들면서 새로운 진실을 알아가지만 가장 중요한 진실은 어린 시절에 알게 되고 몸과 마음에 익어진다. 가령 그가 어린 시절에 몸에 익힌 부모의 힌두교와 자이나교는 그로 하여금 평생 모든 종교와 사상을 현실적으로 받아들이게 했다. 그는 과학기술과 자본의 시대에 살면서도 어린 시절에 보았던 물레를 농촌에서 부활시켜 그 시대의 변화에 부응하도록 했다.

여기서 주목할 것은 물레가 아니라 노동이라는 활동 자체다. 물레는 하나의 수단이지 목적이 아니다. 목적은 사람들이 갖는 잠재능력을 노동을 통해 개발해 자기를 완성하는 것이다. 모든 노동자가 자기의 잠재능력을 개발시킨다면 '수단은 목적이 되고' '목적의 발달 과정'이라고 보는 간디의 사상과 일치하는 것이다. 그는 "수단과 목적은 내 생활의 철학에서는 바꿀 수 있는 용어《영 인디아》1924. 12. 26)"라고 했다. 따라서 간디가 말하는 진실 추구의 인간은 목적을 위한 목적이나 수단을 위한 수단에 고정된 원리주의적인 인간이 아니다.

간디는 오로지 자신과 타인이 환상적인 이유를 부여하면서 잘못된 수단을 사용해서는 안 된다고 주장했을 뿐이다. 그 환상적인 이유 부여란 공산주의나 원시주의나 자본주의 등이 절대적으로 옳고 영원하며 모든 문제를 해결한다고 하는 주장이다. 간디는 그러한 주장을 믿지 않았다. 그가 확신한 것은 오로지, 진실을 위해 죽을 각오가 있다는 것은 지금까지 완전하게 유지되어 온 진실을 부활시키는 유일한 기회임을 뜻한다는 것이었다. 따라서 진실주의는 당연히 개혁주의가 된다.

간디의 스와라지는 자기통치와 자기통제를 동시에 의미했다. 즉, 인도의 독립과 개인적 통제를 동시에 의미했다. 간디가 현실주의자로서 갖는 힘은 사람들을 더욱 크고 높게 서로 결합시키는 일이었다. 다시 말해 사람들 자신의 개인적 발달과 민족의 독립이라고 하는 역사적 사명을 결합시키는 것이었다. 이는 잘못된 현실의 부정임과 동시에 새로운 현실의 창조를 뜻했다.

자유와 평등을 위해 싸우다

간디의 리더십을 진실 추구의 리더십이라고 보는 것은 리더십을 진실과 무관한 권력이나 특권의 비도덕적 쟁취라고 보는 것이 오류임을 뜻한다. 간디에게 더욱 중요한 진실은 모든 인간이 자유롭고 평등하다는 것이었다. 특히 자유는 그의 최대 과제였다. 그래서 그는 "육체적으로 아무리 약하더라도 남녀 모두가 자신의 자존과 자유의 수호자라는 신념을 인류의 가족에게 심어 주는 데 성공한다면 내 일은 끝나게 될 것"이라고도 했다.

따라서 그것에 어긋나는 것은 진실이 아니었다. 간디는 "개인의 자유에 바탕을 둔 완벽한 민주주의(《하리잔》 1942. 7. 26)"를 꿈꾸었다. "민주주의는 국민이 양처럼 행동하는 상태가 아니다. 민주주의 아래서 개인의 의견과 행동의 자유는 보호되어야 한다(《영 인디아》 1922. 3. 2)"고도 했다. 특히 공산주의가 물질의 진보를 목표로 삼는 것에 반해 간디는 개성의 충분한 표현에 대한 자유를 원한다고 했다.

그리고 그의 자유 개념은 흔히 말하는 외적 자유와 함께 내적 자유가 정비례한다고 보는 것으로서 자치와도 통한다.

> 정치적인 자치는 개개인의 자치보다 나을 것이 없기 때문에 개개인이 스스로 다스리거나 스스로의 지배를 위해 요구되는 것과 똑같은 방식으로 얻어져야 한다는 것을 말과 행동으로 보여 주기 위해 나는 노력해 오고 있다.

자유보다 더욱 중요한 것은 평등이었다. 가령 불가촉민에 대한 차별은 인도에서 수천 년 이어져 온 전통이었고 인도의 주류 종교인 힌두교가 용인한 것이며 간디 자신이 인도 전통을 존중한 힌두교도였으나 그에게 진실은 아니었다. 불가촉민은 같은 인간임에도 차별을 받았을 뿐만 아니라 가장 천한 노동(가령 화장실 청소)에 종사하도록 강요되었다. 그것도 인도 전통이고 힌두교의 가르침이었다. 그러나 간디에게는 불가촉민만이 천한 노동에 종사한다는 것은 진실이 아니었다. 노동은 누구에게나 의무라는 것이 그가 생각한 진실이었다. 그래서 그는 노동에 종사하고 모든 사람들에게 노동을 하도록 요구했다. 또한 화장실을 청소했고 아내에게도 그것을 요구했다. 아내는 처음에는 거부했으나 간디의 요구에 결국 납득했다. 우리에게도 그런 리더가 필요하다. 자신은 물론 가족에게도 가장 천한 노동을 하도록 하는 리더가 필요하다. 그러나 우리의 역사에는 그런 리더가 없어서 유감이다. 노동자의 리더라는 사람들도 노동자처럼 살지 않고 자본가의 리더처럼 산다. 아니 노동자 자신이 천한 노동을 싫어한다.

　모든 인간이 자유롭고 평등하다는 것은 누구도 억압받거나 차별받아서는 안 된다는 것이다. 그리고 인간이 하는 노동은 모두 신성하므로 또한 차별받아서는 안 된다는 것이다. 간디는 평생 궂은일을 마다하지 않았다. 이것이 간디가 노동자를 포함한 모든 인도인의 리더일 수 있었던 이유다. 나는 간디의 비폭력을 간디가 생각한 진실의 핵심이라고 보지는 않는다. 간디 자신은 비폭력을 수단이자 목적이라고 보았지만 내가 이해하는 비폭력은 목적이 아니라 수단이다. 도리어 그 목적은 모든 인간과 노동의 자유와 평등이다. 그는 인간이 자유롭고 평등하기 위해서는 소유로부터 자유로워야 한다고 생각했다. 그러나 무소유를 주장하지는 않았다. 그가 생각한 진실은 생활을 최소한으로 낮추고 줄이는 자발적 가난이었다. 즉, 권력이나 부에 대한 최대한의 억제였다.

프랑스 인권선언이 자유와 평등과 함께 박애를 선언했듯이 간디에게도 동포에 대한 봉사는 진실이었다. 그것은 당연히 이기적이지 않고 이타적인 것이었으나 동시에 진실을 추구하는 것이었으므로 상대가 틀렸다고 생각하는 경우에는 비판하는 진실까지 포함한 것이었다. 이는 그가 권리보다 의무를 강조한 것에서 비롯되었다. 그는 세계인권선언의 제정과 관련해 권리가 아니라 의무부터 강조해야 권리가 따라온다고 주장했다. 그러한 의무와 책임으로부터 그의 봉사가 나왔다. 그의 봉사는 언제나 현장에서의 직접 봉사였다.

보이지 않는 힘의 침묵

간디는 원리원칙주의자가 아니라 언제나 상황에 맞게 대처한 인물이었다. 간디의 비폭력이란 폭력이 없는 상태를 말하는 것이 아니라 때로는 폭력을 사용해 정의를 실현하는 것이었다. 그는 이를 힌두교의 성전인 『마하바르타』에 나오는 바가바드기타 이야기로 설명했다.

'순수한 행위의 실행자'를 뜻하는 아르주나는 지금 왕국의 존망이 걸린 싸움 앞에서 고뇌하고 있다. 신 크리슈나가 왕자 아르주나에게 '나'를 버리고 '다르마'를 수행해야 한다고 말한다. 여기서 다르마란 자기에게 부여된 도덕적 의무를 말한다.

간디는 그 이야기의 핵심을 '무사의 행위(anasakti)'라고 하고 이를 아힘사(불살생)라고 했다. 즉, 행동에 의해 부정을 막는 것이 비폭력이었다. 그는 '비겁'과 '두려움'을 넘는 용기를 갖는 것을 중시했다. 따라서 간디의 비폭력을 무저항이라고 하지만 간디는 잘못된 것에 대해서는 언제나 적극적으로 저항했으므로 이는 정확한 말이 아니다. 도리어 불복종이나 비협력이 맞다. 수동적 저항(passive resistance)이라는 말도 부정확하다. 간디 스스로가 비폭력은 폭력보다도 적극적이라고 했다. 그는 비폭력을 '눈에 보이지 않는 힘의 침묵'이라고도 했다. 침묵이야말로 그에게는 가장 적극적인 행위였다.

간디의 비폭력 논의에서 가장 심각한 문제는 국가였다. 그는 영국에서 해방된 인도라는 국가를 세우고자 했는데 국가는 합법적인 폭력 행사 장치이기 때문이다. 따라서 간디는 인도를 폭력을 초월한 정의의 국가로 만들고자 했다. 그래서 군대의 소유를 부정했으나 경찰까지 부정하지는 않았다. 처벌의 두려움을 국민에게 부여하면 범죄 방지에 도움이 되고 더욱 높은 정의를 실현하는 것이 국가의 의무라고 보았기 때문이었다.

반면 그는 의회를 창부라고 비판하고 의원을 위선자이자 이기주의자라고 비판했다. 따라서 의회민주주의는 대중과 매스미디어의 열광에 의해 좌우되어 참된 정의를 실현할 수 없다고 보았다. 반면 그는 마을의 직접민주주의적 자치(스와라지)를 참된 민주주의라고 보았다. 그가 말한 스와라지는 스와(자기)와 라지(통제)를 합친 말이었다. 즉, 욕망을 자기통제할 수 있는 사람들이 얼굴을 마주 볼 수 있는 범위에서 행하는 자치야말로 이상의 정치였다. 이는 최근 논의되는 숙의(熟議) 민주주의론 등의 직접 민주주의론보다 한발 앞선 것이었다. 특히 숙의 이전에 욕망의 통제를 요구한다는 점에서 그렇다.

간디는 이러한 자치를 인도의 전통에서 찾았지만 인도의 전통이 과연 그러했는가에 대해서는 의문이 있다. 그러나 종교의 경우와 마찬가지로 전통이라는 것도 간디에게는 주체적으로 선택되어야 할 성찰적인 것이었다. 또한 간디는 국가에 의한 재분배와 사회의 자발적인 재분배 그리고 상호부조를 중시했다. 이는 아나키즘의 구상과 유사하지만 그는 아나키즘의 이성주의나 합리주의적인 요소에 전적으로 찬성하지는 않았다. 따라서 그의 생각은 아나키즘 중에서도 톨스토이의 유신론적 아나키즘에 가까웠다.

오직 진실 관철을 위하여

간디는 자신의 불복종운동을 '사탸그라하'라고 불렀다. '사탸'는 진실이라는 뜻이고 '그라하'는 관철이라는 뜻이다. 따라서 이 말은 '진실관철운동'이라고 할 수 있다. 이는 사회적인 대립과 차별을 초월하자는 것이다. 이와 관련되어 그는 역사라는 말이 힌두어와 영어에서 다르다고 지적한다. 힌두어의 역사를 뜻하는 이티하스란 '이렇게 되었다'는 뜻인 반면 영어의 역사란 '왕들의 행적'이라는 뜻이다. 그리고 간디는 역사를 '이렇게 되었다'고 보면 사탸의 증거는 많지만 역사를 '왕들의 행적'이라고 보면 그 증거가 없다고 본다. 수많은 민족의 평화롭고 자연스러운 사랑과 자비와 진실의 삶은 '왕들의 행적'에 기록되지 않지만 '이렇게 되었다'는 기록에 무수히 많다는 것이다.

그런데 자연스러운 삶에서 벗어나 있다고 하는 위기의식이 생기면 사탸를 추구해야 할 그라하가 생겨난다. 인간은 불완전하기 때문에 그라하를 의식적으로 추구하지 않으면 이성에 대한 과신이 생겨난다. '자신은 무엇이나 할 수 있다'는 교만에 의해 타자를 억압하게 된다. 이를 저지하기 위해 사탸그라하, 즉 진실관철투쟁을 일상적으로 되풀이할 필요가 있다. 그것이 걷기, 단식, 물레 돌리기 등의 행동이다. 나아가 영국의 부정과 억압에 대한 저항도 진실관철운동이다. 진실관철운동은 간디가 차별을 경험한 남아프리카에서 시작되었고 그 뒤 간디의 평생을 지배했다.

여기서 간디가 추구한 삶의 원리, 진실의 원리는 세속적 욕망을 줄이라는 것이다. 그는 영국의 지배를 받은 인도에서 태어나 인도 독립운동에 앞장섰지만 인도인이 세속적 욕망을 줄여야 참된 독립이 가능하다고 했다. 세속적 욕망 때문에 식민지가 되었고 욕망을 줄이지 않는 국민이 독립 국가를 세워도 식민지와 전혀 다름이 없다고 했다. 우리는 간디처럼 행동하고 주장한 우리의 독립운동가나 정치 지도자를 알지 못한다. 도리어 그들은 끊임없이 욕망을 부추겼다. '잘살아보세' '부자 되세요'라고 주장하는 욕망의 리더십을 좋은 리더십이라고 생각해 왔다. 그리고 잘살게 되었고 부자가 되었다.

그러나 과연 우리는 행복한가? 수출입 규모가 세계 10위권이라고 하지만 우리는 과연 행복한가? 겉으로는 모두 잘사는 것처럼 보이지만 안을 들여다보면 결코 그렇지 않다. 빈부갈등을 비롯한 많은 문제가 있다. 그러나 참된 문제는 그런 것이 아니라 욕망 자체다. 결국 욕망 자체를 줄여야 한다. 여기서 중요한 것은 욕망을 없애자는 것이 아니다. 간디는 그런 이야기를 한 적이 없다. 다만 욕망을 줄이자고 한 것이다. 절제하자는 것이다.

이는 부처나 예수의 말과 삶과도 유사하다. 그들은 스스로 근원적인 문제를 제기하고 스스로 찾아낸 해답대로 살았다. 그러한 모색과 실천의 의지야말로 그들의 리더십이다. 그러나 간디는 무엇이 절제인지 명확하게 말하지는 않았다. 그는 다만 자신이 욕망을 줄이는 '진실을 추구'했다고 말하면서 자신의 끝없는 진실 추구의 삶을 참고해 우리도 그러한 진실을 추구해 보라고 권했다. 여기에는 인간이라는 것이 너무나 불완전한 존재이고 인간이 할 수 있는 일에는 한계가 있다고 하는 명확한 자기 인식이 있다. 간디는 인간을 우주 속에서 서로 연결되어 있는 생명의 일부에 불과하고 너무나도 제한된 것이며 특히 몸이 그렇다고 봤다. 따라서 인간의 이성은 만능으로서 불가능한 것이 없다고 함은 서양 과학 문명이 낳은 교만이라고 비판했다.

나는 국민들에게 절제하자고 말하는 리더가 우리 사회에 조만간 등장하리라고 기대하지 않는다. 국민들이 절제를 요구하지 않기 때문이다. 그러나 나는 절제가 필요하다고 생각한다. 욕망을 절제하지 못한 탓으로 우리 사회와 세계에는 너무나 많은 문제가 생기고 있기 때문이다. 이 책은 절제야말로 우리 시대가 요구하는 리더십이자 인생과 사회의 기본원칙임을 강조한다. 그리고 간디가 추구한 새로운 사회를 우리 현실에 맞추어 말한다. 그것은 자유, 자치, 자연을 원리로 한 새로운 세상이다.

간디는 탁월한 전략가

간디가 1920년대부터 우리나라에 소개되었음에도 그의 비폭력 저항운동이 일제 때는 물론이고 지금도 뿌리내리지 못한 이유는 공허한 구호만이 넘쳐나고 그 구체적 전략에 대해서는 아무도 주목하지 않기 때문이다. 간디는 분명 전략가다. 이제 나는 우리에게도 구체적 전략을 갖는 리더가 나오기를 기대한다. 진실과 책임, 봉사와 사랑, 용기와 공감을 전제로 한 인간 중심적인 리더는 전략까지도 중시하는 참된 리더의 철학에서 나오는 것이다.

이에 대해 "간디가 전략가라니? 무슨 소리야!" 하고 반박할 사람들의 얼굴이 선하다. 그들은 간디를 성인으로 보기 때문에 성인에게 전략이란 가당치도 않다고 생각한다. 하지만 간디를 성인으로 보는 것은 무방하지만 독립투쟁의 리더로서 보는 경우 전략이 없을 수 없다. 아무런 전략도 없이 투쟁할 수는 없다. 그러나 폭력 저항이냐 비폭력저항이냐 하는 것도 전략의 선택 문제다. 비폭력 저항을 어떻게 할 것이냐는 더욱 중요한 전략 문제다.

특히 간디는 언론을 통한 전략을 중시했다. 그가 인도는 물론 세계적으로 비폭력저항을 알리게 한 데는 그의 언론 전략이 주효했다. 그는 전략이라는 것 자체를 중시하지는 않았지만 자신의 비폭력저항 철학을 알리는 데 전 세계의 언론을 효과적으로 사용했다. 가령 감옥에 갇힌 간디를 면회 온 영국 성공회 목사 찰스 앤드류스에게 "당신은 전략을 알고 있습니다"라고 하며 그에게 세계 언론에 알릴 노트를 전한다. 앤드류스는 그것을 세계 언론에 알려 간디의 철학을 세계적으로 전했다. 이처럼 간디는 평생 언론을 비롯한 모든 분야의 전략을 중시했다.

> 비협조운동은 세계 여론을 우리 쪽으로 이끌어낼 수 있는 가장 강력한 수단이다. 우리가 항의하며 협조하는 동안 세계는 우리를 이해할 수 없었다. 의심할 여지도 없이 세계가 계속 던진 질문은 '사정이 정말 그렇게 나쁘다면 왜 그렇게 당신들을 못살게 굴고 욕보이는 정부에 협조하는가?'라는 것이다. 아무리 우리가 비협조운동을 실천하기에 우리 힘이 약하다 할지라도 이제 세계는 우리를 이해하고 있다. 세계는 이제 우리를 괴롭히는 것이 무엇인지 관심을 가지고 알려고 한다.(《영인디아》 1921. 5. 25)

폭력저항이냐 비폭력저항이냐 하는 것도 전략의 선택 문제다.

간디는 최초의 인종차별을 경험한 뒤 자기 "앞에 닥친 모든 것을 냉철하게 연구해야" 한다고 느끼고 "인도인의 실태를 조사"하고자 했다. 그리고 체계적인 단계의 전략을 세웠다. 첫째는 "모든 인도인의 모임을 열어 그들에게 트란스발의 자기네 실태를 보여 주는 것이었다." 그리고 열심히 연설을 준비했다.

주제는 장사를 하며 진실을 지키자는 것이었다. 나는 언제나 상인들이 장사에서는 진실이 불가능하다는 소리를 들었다. 나는 당시에도 그렇게 생각하지 않았고 지금도 마찬가지다. 지금도 진실과 장사는 일치할 수 없다고 주장하는 상인 친구들이 있다. 그들은 말한다. 장사란 매우 실제적인 일이고 진실은 종교의 문제라고. 따라서 실제 문제를 종교와 같이 생각해서는 안 된다고 한다. 그들에 따르면 순수한 진실은 장사에서는 문제될 수 없고, 이는 장사에 방해되지 않는 한에서만 가능하다는 것이었다.

나는 연설에서 그러한 생각에 강력하게 반대했고, 상인들에게 이중의 의무감을 촉구했다. 즉, 외국에 와 있는 사람들이 진실해야 할 책임은 더욱 크다고 했다. 이유는 그곳 소수 인도인의 행동은 수천만 동포의 척도가 되기 때문이었다.

나는 우리 인도인의 습관이 그들을 둘러싼 영국인에 비해 비위생적임을 알았기에 이에 대한 관심을 촉구했다. 그리고 힌두교도, 이슬람교도, 파시교도, 기독교도, 구자라트인, 마드라스인, 펀잡인, 신디인, 카치인, 수르트인 등의 모든 차별을 철폐할 필요성을 강조했다.

결론으로 나는 인도 이주민의 고통에 대해 관련 당국과 교섭하기 위한 협의회를 조직하자고 제의하고, 이를 위해 나의 시간과 노력을 최대한 제공하겠다고 약속했다.

간디는 『자서전』에서 당시 "인도인의 사회적, 경제적, 정치적 상황을 깊이 연구할 수 있었"는데 "이 연구가 미래의 나에게 무한한 도움이 되리라고는 생각하지 못했다"고 했다. 그리고 "자존심이 있는 인도인에게 남아프리카란 살 곳이 아님을 나는 알았고, 내 마음은 이런 상태를 어떻게 개선할 수 있을지 하는 의문으로 점점 가득하게 되었다."

간디주의는 없다

앞에서 나는 간디가 『성공하는 리더의 10가지 원칙』은 물론 그밖의 원칙까지 갖춘 리더라고 했으나 그가 과연 성공한 리더인가에 대해서는 의문이 있다. 『성공하는 리더의 10가지 원칙』은 대성공한 정치가나 경영인들의 리더십을 소개한 책이다. 가령 대통령이 된 오바마나 IT혁명을 이루어 백만장자가 된 스티븐 잡스 등에 대한 책이다. 그러나 간디는 대통령은커녕 9급 공무원도 된 적이 없고 백만장자가 되기는커녕 돈 한 푼도 모으지 못했다. 그런 그를 성공한 사람이라고 볼 수 없다고 할 사람이 있을지 모르지만 나는 그렇게 생각하지 않는다. 그런 세속적인 성공은 간디 스스로 바라지도 생각하지도 않았다.

그가 평생 바란 것은 무엇보다도 인도의 독립이었다. 그리고 그는 죽기 직전 그 독립을 이루었다. 그 점에서 그는 성공했다. 성공한 리더였다. 그러나 그는 인도가 파키스탄과 분리되어 독립하기를 바라지 않았다. 그 점에서 그는 실패했다. 그밖에도 그가 바란 많은 것이 이루어지지 않은 점에서도 실패했다. 그러나 그는 죽은 뒤 지금까지 인도에서는 물론 세계적으로도 20세기의 가장 위대한 인물로 인정받고 있으니 성공했다고 볼 수도 있다. 그러나 나는 리더의 철학에 성공이냐 실패냐 하는 결과는 포함되지 않는다고 생각하므로 성공 여부는 중요한 논점이 아니다. 어떻게 살고 무엇을 생각했느냐가 중요할 뿐이다.

간디가 비폭력으로 인도를 독립시킨 것을 그의 성공이라고 흔히 말한다. 그러나 간디 때문에 인도가 독립되었다고는 할 수 없다. 인도의 독립운동에는 간디의 비폭력 운동만이 있었던 것이 아니라 폭력 운동도 많았다. 폭력 운동을 한 사람들은 영국으로부터 가차 없는 탄압을 받았다. 간디가 인도의 독립에 기여한 점은 부정할 수 없으나 간디 스스로가 자신이 혼자서 인도를 독립시켰다는 말을 부정했을 것이다. 특히 그는 인도의 파키스탄 등과의 분리 독립에 찬성하지 않고 죽을 때까지 반대했다.

간디는 인도를 강력하게 또는 부유하게 만들지도 않았다. 도리어 그는 인도가 약하고 가난하기를 바랐다. 그는 지금 인도가 원자폭탄을 가지고 있고 IT 산업 등의 발전에 의해 새로운 경제대국으로 부상하고 있음을 보았다면 자신의 노력이 헛것이었다고 개탄할 것임에 틀림없다.

그는 인도가 독립하기를 바랐지만 인도의 독립이 그의 궁극적인 목표는 아니었다. 그는 인류의 해방, 인간의 해방을 목표로 삼았다. 특히 당대를 지배한 서양 문명으로부터의 해방을 꿈꾸었다. 그런 그가 원자폭탄은 물론 IT 산업도 용인할 리가 없다. 나는 그가 스마트폰을 들고 있는 모습을 상상할 수 없다.

간디 스스로 자신이 성공했다고는 생각하지 않았다. 객관적으로 봐도 개인의 삶에서 그는 성공한 사람이 아니었다. 그가 죽은 뒤 유산으로 남긴 것은 샌들 한 켤레, 시계, 물잔, 숟, 직접 짠 카디뿐이었다. 그는 한때 국민회의라는 정당에 속했지만 몇 사람과 함께한 아슈람 외에 어떤 조직도 만들지 않았다. 100권이 넘는 전집을 남겼지만 어떤 학문의 창시자도 아니었다. 그는 분명히 말했다. "간디주의 같은 것은 없다. 나는 종파를 남길 생각도 없다." 간디는 자신을 따르는 사람들이 광신적으로 변하면 언제나 그들과 헤어질 생각을 했다. 그는 평생 숭배를 거부했다. 누구에게도 그를 따르라고 부탁하지 않았다. 그는 누구나 자기 내면의 소리를 따라야 하고 자기 내면의 소리를 듣지 못하는 사람은 최고의 양심을 따르려고 노력해야 한다고 했다. 절대로 양처럼 다른 사람을 따라 달려서는 안 된다고 했다.

간디는 실패자라고 할 수는 없어도 언제나 자신이 실수할 수 있고 모순되며 실패하는 인간일 수밖에 없음을 알았다. 그런 점에서 그는 특별한 성인이나 위인이 아니었다. 간디는 '종교의 나라' 인도에 흔한 요가 수행자와 같은 도사도 아니었다. 그는 평생 단 한 번도 그런 요가 수행을 한 적이 없다.

'조국 사랑'은 리더의 제1요건

사실상 간디가 애국자라는 점은 리더로서의 제1요건이다. 간디는 인도를 사랑했다. 그래서 "나는 인도와 결혼했다. 나의 모든 것을 인도에 빚지고 있기 때문"이라고 했다. 그러나 그의 애국심은 배타적인 것이 아니었다. "그것은 모든 것을 포용하는 것이고 따라서 나는 애국심이 다른 나라들의 고통이나 착취를 증대시키고자 하는 애국심을 거부한다"고 하고

"애국심이란 모든 인민의 복지를 뜻하는 것이므로 이를 영국인에 의해 확보할 수 있다면 나는 그들에게 고개를 숙일 것이다"라고도 했다.

> 내가 보기에 애국심은 인간성과 같다. 나는 인간이고 인정 있기 때문에 애국을 한다. 애국심은 단독이 아니다. 내가 인도를 섬기기 때문에 영국이나 독일을 헐뜯지는 않는다. 애국의 법칙은 가장의 법칙과 다르지 않다. 그가 미온적인 인도주의자라면 그만큼 애국자일 수 없다. 개인과 정치 법칙 사이에 갈등은 없다. 예를 들면 비협력자는 그가 오늘 영국 정부를 향해 행동하는 것과 똑같은 태도로 그의 아버지와 형에게 행동한다.(《영 인디아》 1921. 3. 16)

> 인도의 자유가 진실의 일부이기 때문에 나는 인도의 자유를 위해 살고 죽는다. 자유로운 인도만이 참된 하느님을 섬길 수 있다. 인도에서 태어나 인도의 문화를 물려받아서 나는 인도를 섬기기에 가장 적절하고, 인도는 나의 봉사를 최우선으로 요구하고 있다는 것을 나의 스와데시(국산품 애용) 사상이 내게 가르쳐 주었기 때문에 나는 인도의 자유를 위해 일한다.(《영 인디아》 1924. 4. 3)

따라서 간디는 조국을 무조건 사랑한 것은 아니었다. 그의 인도 사랑법은 인도의 장단점을 정확하게 알고 그 장점은 발전시키되 단점은 극복하려고 한 것이었다. 특히 인도가 영국의 식민지가 된 것을 인도가 영국으로 대표되는 서양 물질문명을 받아들인 탓이라고 하고 물질문명의 극복이야말로 인도의 참된 독립이라고 주장한 점에서 인도의 다른 리더들은 물론 한국을 비롯한 여타 나라의 리더들과도 달랐다. 그래서 "인도가 폭력을 신조로 삼아 비록 내가 살아남는다고 해도 나는 인도에서 살고 싶지 않다(《영 인디아》 1921. 4. 6)"고 했다.

인도(印度)란 'India'를 중국에서 한자음으로 표기한 것을 우리말로 그대로 읽은 것이다. 따라서 우리로서는 인디아라고 읽는 것이 옳겠지만 이미 외래어로 되었으니 인도라고 부르기로 한다. 인도는 450만㎢의 넓이로 우리나라의 40배가 넘고, 인구도 10억을 넘어 우리나라의 20배가 넘는 큰 나라다. 그러니 지형과 기후, 사람과 언어, 종교와 문화 등이 다양할 수밖에 없다. 그런 다양성이 인도의 특징이다.

흔히 인도는 종교적으로 심오한 신비의 나라라고 알려져 왔으나, 이는 16세기 이후 인도를 침략한 서양인이 만든 고정관념(오리엔탈리즘)이라고 할 수 있다. 특히 그런 생각은 전통적으로 불교가 강했던 한반도에서 불교의 발상지인 인도를 막연히 생각하는 경우에도 일반적이다. 그러나 인도에서는 13세기 이후 불교가 소멸

했고, 한국 불교는 그전에 중국에 전래된 불교를 받아들인 것이다. 오래전부터 대부분 힌두교를 믿은 인도인들은 13세기 이후 이슬람교도들의 지배를 받다가, 영국이 1600년에 설립한 동인도회사의 지배를 받았고, 1857년 반란(흔히 세포이라고 불린 영국 동인도회사의 인도인 용병의 반란이라고 하나 그들은 반란을 시작한 것에 불과하고 사실은 인민의 민족적인 번영항쟁으로서 북인도 전역을 휩쓸어 '대반란' '최초의 독립전쟁'으로 불리기도 한다)에 의해 1858년부터 영국 정부가 직접 지배하는 인도 제국이 되었다. 인도의 독립운동은 이때부터 전개되기 시작해 1947년 독립하면서 파키스탄과 분리되어 오늘에 이르고 있다.

간디가 말하는 인도

위에서 제시한 정도로 인도를 안다고 할 수 없다. 한 나라에 대해 한마디로 말할 수는 없다. 우리에게는 한 나라를 하나의 고정된 이미지로 생각하는 버릇이 있다. 대부분은 대단히 위험한 편견이지만 일부 한국인에게 인도란 다른 외국과 달리 더욱 특이한 나라로 생각되는 경향이 있어서 더욱 문제다. 이는 대부분 주관적인 경험에 근거한 환상에 불과한 것들이거나, 특정인의 편견에 입각한 글을 읽은 탓이다.

그런 특수한 것을 일반적인 것인 양 이야기하는 것은 당연히 무리다. 하지만 반대로 일반적이라고 볼 수 있는 것조차 그것이 인도라는 이유로 무슨 정신적인 것이라도 되는 양 이야기하는 것도 무리다. 가령 인도에서 가장 싼 값으로 기차나 버스 여행을 하기란 무척 힘들다. 간디가 『자서전』에서 말한 1920년대 승객들의 '무례, 불결, 이기심, 무지'가 지금도 여전하다. 사실 길거리나 마을 어디를 가도 인도인의 그런 태도를 느낄 수 있다. 그럼에도 인도를 마치 대단한 정신 수양의 나라로 보는 이상한 견해들이 한국에는 존재한다.

인도에서 흔히 볼 수 있는 축제도 마찬가지다. 그것을 본 우리의 좌파는 민중의 에너지를, 우파는 민족의 에너지를 느꼈다고 찬양하기도 한다. 하지만 내가 본 축제는 미신의 도가니였다. 간디도 『자서전』에서 그들이 "모두 위선자거나 단순한 구경꾼이라고는 생각하지 않았다"고 하지만 상당수가 그렇다고 생각했다. 축제만이 아니라 인도의 일상에는 미신이 넘쳐난다. 미신은 미신일 뿐 어떤 이름으로도 미화되어야 할 것이 아니다.

또한 인도 여행객들은 항상 약속 시간을 어기는 안내인이 항의하는 사람들에게 언제나 웃으며 '노 프라블럼'이라고 외치는 경험도 많이 하게 된다. 또는 나이보다 훨씬 많아 보이는 연약한 인력거꾼이 원래 약속한 액수보다 많은 액수를 요구해도 불쌍해서 그

액수를 주지만 절대로 고맙다고 하지 않는 것도 기억한다. 후자 이미지는 한국인에게서도 볼 수 있는 것이지만 전자 이미지는 한국인에게서는 보기 어렵다. 그런 경우 우리는 큰소리로 싸우기 마련이다. 그러나 인도인은 그렇지 않다. 그들에게는 문제되는 것이 별로 없다. 그야말로 '노 프라블럼'인 것이다. 그러나 이를 인도인의 정신성 따위로 말하면 문제가 많다. 도리어 무정신성으로 봐야 한다. 간디는 대부분의 인도인과 달리 시간 엄수, 약속 엄수를 가장 중시했다.

'노 프라블럼' 탓인지 인도에는 끔찍한 계급 제도가 여전히 존재한다. 어느 사회에서나 가장 큰 문제인 평등도 수천 개의 출생에 따른 계급 종족으로 나누어지는 인도의 카스트 앞에서는 무색해진다. 인도 사회를 이해하기 위한 핵심이라는 카스트(caste)란 16세기 포르투갈 사람들이 인도인들이 집단으로 모여 사는 것을 보고 '단일 혈통'이라는 뜻의 카스타(casta)라고 부른 것이 영어로 변한 말이다. 인도에서는 집단으로 모여 사는 것을 바르나와 자티라고 한다. 흔히 네 개의 카스트(브라만, 크샤트리아, 바이샤, 수드라)라고 하는 경우의 카스트가 바르나이고, 그 바르나 속에서 다시 갈라지는 것이 자티다. 바르나는 농경사회 발달에 따라 나타난 계급이었으나, 자티는 동일 직업을 갖는 하나의 종족 단위라고 할 수 있다. 따라서 카스트를 단순히 계급이라고 하기보다는 계급 종족으로 이해하는 편이 정확하다. 이러한 카스트가 착취와 억압의 기본임은 두말할 필요가 없으나 그것이 수천 년간 '노 프라블럼'으로 유지되어 온 것이다. 그러니 이런 카스트를 찬양한다는 것은 말도 안 된다. 그럼에도 그런 카스트 속에서 인도인이 행복을 느낀다고 보는 한국인들이 있다.

그런 인도를 이해하는 핵심 중에 윤회란 개념이 있다. 남에게 적선, 즉 착한 일을 하면 다음 세상에서 더 나은 삶을 살게 된다는 윤회란 사실 한국인에게도 익숙한 것이다. 이를 인과응보 정도로 생각해 자신의 행위에 대해 당당하게 책임을 지는 윤리로 보면 별 문제는 없다. 하지만 그런 윤회를 이유로 지금 우리 삶이란 문제될 것이 없다고 보고, 남이 자기에게 좋은 일을 한 것도 남에게 적선의 기회를 제공한 것이니 자기로서는 고마워할 필요가 없으며, 세상사를 꼭 정확하게 약속을 지키는 것으로만 볼 수 없다는 식으로 이해하면 문제가 심각해진다.

이러한 윤회를 기본으로 하는 사회란 전근대사회로서 자본주의적 발전과는 무관하다고 볼 수도 있다. 최근 IT 산업 등의 비약적 발전에 의해 앞으로 인도가 중국과 함께 세계적인 경제대국이 된다는 전망도 있으나, 아직 인도는 대체로 가난하고 경우에 따라서는 비참할 정도다. 그러나 그 이유는 인도인 모두가 간디처럼 진실을 추구했기 때문이 아니다. 간디도 그렇게 말하지 않았다. 인도가 가난해진 가장 큰 이유, 적어도 지금 가난한 이유는 200년 이상 영국의 식민지였기 때문이다. 그전의 인도는 콜럼버스를 비롯한 많은 사람을 유혹할 정도로 부유했다.

  인도는 영국으로부터 독립하면서 이슬람교를 믿는 파키스탄과 분리되었고 그 뒤 지금까지 파키스탄과의 분쟁은 물론 인도 안에서도 이슬람교도를 박해하는 사건이 끊이지 않고 있다. 이를 두고 독립 전에는 그렇지 않았다고 개탄하며 독립 이전을 그리워하는 사람들이 있다. 영국인들은 물론 그렇고 상당수의 인도인도 그렇다. 그러나 그런 문제도 사실은 200년 제국주의 지배 탓이다. 종교 분쟁이나 민족 분규만이 아니라 인도의 고질적인 부정부패도 식민지시대에서 비롯되었다.

어떤 규칙도
정답도 없다

리더의 자질은 필요 없다

간디의 리더 철학을 이해하기 위해서는 그의 어린 시절을 알 필요가 있다. 그의 리더 철학은 이미 어린 시절에 형성되었기 때문이다. 그러나 이는 간디가 어린 시절부터 리더로서의 특별한 자질이나 배경을 가졌다는 것을 뜻하지 않는다. 간디의 고향은 인도의 중심인 델리나 뭄바이와는 너무나 멀리 떨어진 서쪽 끝 변두리 시골이었고 출신 계급은 4성 카스트의 3단계인 바이샤라는 낮은 상인 계급이었다.

그런 배경의 간디에게는 리더의 어린 시절에 일반적으로 나타나는 지휘 통솔력이나 거대한 포부나 야망 등, 일반적으로 말하는 리더로서의 자질이 전혀 없었다. 우리나라에는 어린 시절부터 대통령이 될 꿈을 꾼 사람이 결국 대통령이 되었다는 이야기가 있지만 간디는 그런 야망의 인간이 아니었다. 도리어 그는 남 앞에 나서기를 싫어하고 부끄러움이 많았으며 수줍어했다. 게다가 학습능력도 뛰어나지 못한 평범한 학생이었다. 스스로 "지능이 낮았고 기억력이 미숙했다"고 말했다. 특히 체육을 싫어했고 외톨이로 지냈다.

게다가 간디는 어려서부터 키가 작고 몸도 왜소했으며 얼굴도 못생긴 편이었다. 성인이 되어서도 키는 160cm를 조금 넘었고 몸무게는 대체로 50Kg 전후였다. 그러니 요즘처럼 얼짱이니 몸짱이니 하며 대중적인 인기를 얻을 잘난 리더의 모습도 아니었다. 그렇다고 신체적인 약점을 의식하고 이를 극복하려고 특별히 노력한 의지의 인간도 아니었다. 키가 작고 몸집이 왜소한 박정희나 나폴레옹 같은 자들은 군인으로 출세했지만 간디는 그런 생각을 한 적이 한 번도 없었다.

그는 무엇보다도 이웃에 대한 공공적 봉사정신으로 자신도 모르게 리더가 되었을 뿐이었다. 그리고 그 봉사정신은 어려서부터 몸에 배인 종교적이고 도덕적인 분위기에서 비롯되었다. 간디 리더 철학의 핵심인 공공에 대한 봉사는 가정의 부모로부터 자연스럽게 배운 것이었지 특별히 가르침을 받은 것이 아니었다.

이러한 간디의 어린 시절을 보면 누구나 리더가 될 수 있다는 희망을 주지만 동시에 오로지 어려서부터 몸에 배인 공공에 대한 봉사정신만이 리더의 요건임을 말하기도 한다. 즉, 자녀를 리더로 키우고 싶은 부모라면 공공에 대한 봉사정신을 불러일으키는 것에 최선을 다해야 한다. 이는 내 아들 1등 만들기라는 처절한 경쟁주의의 치맛바람과는 근본적으로 대립하는 것이다. 간디의 부모님은 그런 교육열이 전혀 없었다. 간디 부모뿐이 아니라 세상의 부모는 대부분 그렇지 않다. 한국의 부모가 문제라고 할 수 있다. 따라서 부모가 바뀌지 않고는 훌륭한 리더를 기대할 수 없다. 부모 스스로 공공적 봉사정신을 익히지 않는 한 자녀들을 훌륭한 리더로 키울 수 없다.

멘토는 선택사항일 뿐

부모와 마찬가지로 중요한 것이 스승이다. 그러나 가정의 부모가 황금주의 기초인 물질 제공자로 타락했듯이 학교의 스승도 수험 경쟁의 승리를 위한 지식 제공자로 타락한 상황에서 역시 리더의 출현을 기대하기 어렵다.

간디는 어떤 스승이나 선생이나 소위 멘토나 선배 등을 두지 않았다. 그 자신은 마하트마(성자)나 바푸(아버지)라고 불렸지만, 그에게는 그렇게 부를 사람이 없었다. 또한 그 누구도 제자로 삼지 않았다. 많은 사람이 그를 따랐지만 그는 누구도 제자로 생각하지 않았다. 이는 자신을 따르는 그들을 제자처럼 존중하지 않았다는 것이 아니다. 그 누구나 인간으로 존중했음을 뜻할 뿐이다. 그 점에서 그는 철저히 주체적인 개인주의자였다.

이는 리더에게 훌륭한 스승이나 선배가 불필요하다는 것을 뜻하는 것은 아니다. 우리는 옛이야기에서 훌륭한 스승을 만나 도를 깨치거나 학문의 기본을 이뤄 성공한 리더들의 이야기를 익히 들어 왔다. 그러나 특정한 스승이 없었던 부처처럼 인도인이었던 탓인지 간디에게는 특별한 스승이나 선배는 없었다. 그렇다고 해서 그에게 크고 작은 영향을 미친 많은 사람들이 있었음을 부정해서는 안 된다. 간디는 많은 사람들로부터 주체적이고도 종합적으로 영향을 받아 독자적인 자신의 사상을 형성했다.

간디에게는 한국에서 출세의 지름길이자 삶의 원리라고 하는 혈연도, 지연도, 학연도 없었다. 그런 것은 그가 리더가 되는 길에 무관했다. 한국의 간디라고 불리는 함석헌은 간디가 특히 선배를 존중했다고 하지만, 간디는 모든 사람을 존중했지 선배만을 특히 존중하지 않았다.

이처럼 간디는 일반적으로 말하는 리더로서의 자질과는 전혀 무관한 진실성, 주체성, 공공성, 평화성, 실용성, 세계성이라는 특성을 가졌다. 그런 특성이 뒤에 그의 리더 철학을 형성했다는 점이 주목되어야 한다. 특히 정직성이 어려서부터 두드러졌다. 우리가 간디를 이해하기 위해서는 반드시 읽어야 하는 『자서전』이 다른 사람들의 그런 책들과 다른 점도 정직성이다. 『자서전』은 그야말로 '가장 정직한 사람의 삶'을 담은 것이다. 간디가 이 책의 부제로 붙인 'An Experiment with Truth'는 '진리 실험 이야기' 또는 '진실 추구 이야기'라고 번역할 수 있지만, 그 기본은 정직성에 있고 간디가 평생 추구한 것도 정직성이었다.

간디는 일곱 살에 초등학교에 들어갔다. 『자서전』에서 그는 구구단을 외우기 힘들 정도로 지능이 낮았고 기억력이 미숙했으나 거짓말을 하지는 않았고 부끄러움이 많아 어울리는 것을 싫어했다고 말했다. 그리고 인도 연극을 보고서 무소유의 삶을 진실한 삶으로 느꼈다고 했다. 이처럼 그의 사상은 초등학교 시절에 그 기초가 이루어진 셈이다.

간디는 라지코트에서 고등학교까지 다녔다. 그러나 학교 공부에 대해 그는 『자서전』에 더 이상 언급하지 않는 것을 보면 그다지 흥미가 없었던 것 같다. 뒤에 그는 자신의 출신 학교와 자신을 가르쳤던 교사들을 경멸했다. 도리어 부정을 가르친 교사에게 반항했다.

중학교 1학년 시험 때 기록할 만한 사건이 생겼다. 장학관 길스 씨가 검열을 나왔다. 그는 다섯 단어를 받아쓰기 문제로 냈다. 그중 하나가 '솥(kettle)'이었다. 나는 틀리게 썼다. 교사가 신발 끝으로 내게 눈치를 주려 했으나, 나는 그것을 깨닫지 못했다. 그는 내게 옆 사람 석판을 보고 그 철자를 베끼길 원했으나, 나는 그것을 알지 못했다. 나는 교사가 거기에 서 있는 이유가 베끼지 못하도록 감시하기 위한 것이라고 생각했기 때문이었다.

나중에 보니 나를 제외한 모든 학생이 모든 단어를 바르게 썼다. 오로지 나만 어리석었다. 그 뒤 교사는 내게 그것이 어리석은 짓이었음을 알려 주려고 했지만 소용이 없었다. 나는 끝끝내 '베끼는' 기술을 익히지 못했다.

이 이야기는 물론 간디의 우직할 정도의 정직함을 보여 주는 것이지만 에릭슨에 따르면 이는 모든 성인에게 공통되는 종교적 인간관(homo religiosus)의 확신을 보여 준다. 즉, 의지할 수 없는 권위에게 보호받고자 하지 않고 용감하게 절대적인 악과 절대적인 진실 사이에 선다는 것이다. '나'는 보잘것없는 존재이기는 하지만, 모든 권위가 갖는 진실보다도 훨씬 훌륭한 진실을 가지고 있다는 것이다. 왜냐하면 그 진실은 '나'와 신과의 계약에 의한 진실이고 '나'는 모든 근원적인 이미지와 덕성보다 훨씬 중심적이고 훨씬 보편적이기 때문이다. 나는 이를 주체성의 확립이라고 본다.

우선 평화주의자가 될 것

간디의 고향은 변두리였으므로 오랫동안 많은 종파와 다양한 공동체가 숨어 살아 평화를 유지했다. 즉, 힌두교, 이슬람교, 자이나교, 파르시교, 기독교 등의 여러 종파가 한데 뒤섞여 평화롭게 살았다. 이러한 평화의 유지는 반드시 간디의 고향에서만 가능했던 것이 아니라 인도 전역의 오랜 역사에서도 가능했다. 그러나 영국에 의한 식민지 경험 이후 영국의 분단 정책에 의해 그 평화는 깨지고 갈등이 생겨났다. 특히 간디의 부모는 힌두교에 이슬람 사상을 접목시킨 종파에 속했고 결혼 후에도 이 종파에 속해 간디의 부모는 어린 간디를 그 사원에 데리고 갔다.

간디의 부모가 믿은 신앙은 건전하고 즐거운 윤리적인 것이었다. 특히 어머니는 간디에게 진실을 말해야 하고 맡은 일은 끝까지 해야 한다고 적극적으로 가르쳤다. 리더에게 어머니의 교육은 중요하다고 하지만 간디의 어머니는 진실성과 주체성, 정직성과 책임성을 가르친 것 외에 특별한 교육을 시키지는 않았다.

간디는 신앙심이 독실한 어머니를 존경했지만 자신은 확고한 신앙심을 갖지 못했다. 그는 어려서부터 종교의 구속적인 분위기와 사원의 화려함을 싫어했다. 간디는 어려서부터 도덕이 모든 것의 근본임을 믿었다. 그러나 모든 종교의 공존을 평생 추구했다. 단, 기독교에 대해서는 선교사들이 인도인과 인도의 신을 경멸하는 것에 분노해 그 설교를 듣다가 자리를 뜨기도 했다.

반드시 집안 분위기 때문은 아니었겠지만, 간디는 어려서부터 폭력적이지 않았다. 남을 때리지 않았고 자신이 맞아도 주먹을 휘두르지 않았다. 그러한 기질이 후에 그의 비폭력주의를 형성했다.

간디가 일곱 살이 되던 1876년, 아버지는 28년간 재직한 관직을 동생에게 물려주고 이웃 나라인 라지코트와 반카네르의 재정을 담당하게 되어 그곳으로 이사했다. 그곳은 카티아와르 반도의 중앙에 위치한 내륙도시다. 그 위치로도 알 수 있듯이 그곳은 반도의 여러 나라 사이에서 벌어지는 분쟁을 조정하는 곳이었다. 뒤에 간디가 정의를 조정으로 생각한 것은 바로 이 시절의 아버지로부터 배운 것이었다. 리더는 무엇보다도 대립하는 당사자들을 조정해 평화를 이룩하는 능력을 가져야 한다는 것을 어려서부터 배웠다.

인류 전체로 확장된 '책임감'

리더는 사춘기의 고뇌를 스스로 극복한다. 간디는 13세(1882년)에 결혼했다. 그는 『자서전』에서 동갑내기의 결혼이 소꿉장난 같은 것이 아니라 '잔혹'한 것이었고 그러한 조혼을 인도 사회의 병폐라고 비판했다. 이는 동시에 아버지에 대한 혹독한 비판이었다. 아버지 자신의 육체적 쾌락 추구에 대해서도 간디는 비판했다. 이 점도 부모를 무조건 신성시하는 우리네 리더와는 다른 점이다.

간디의 아내는 평생 문맹으로 살았고 간디와 대등한 삶을 누리지 못했다. 어머니와는 달리 간디에게 아내란 지극히 애매한 존재였다. 더욱 큰 불행은 결혼 6년 뒤인 19세에 장남을 낳았지만 그가 평생을 알코올 중독의 부랑자로 살았다는 점이었다.

결혼은 부모와의 관계에서도 불행을 초래했다. 간디가 16세가 되던 1885년, 아버지는 쓰러졌다. 그는 학교에서 돌아오면 아버지를 간호했으나 마음은 침실에 가 있었다. 아버지가 죽은 순간에도 마찬가지로 아내와 함께 있었다. 이 기억은 평생 간디를 괴롭혔다. 그 후 37세가 되어 그는 아내와의 성생활을 끝냈다.

간디는 어린 시절과 사춘기에 자제력이나 결단력이 없어 괴로움을 겪었다. 그러나 그는 자신을 무능하다고 느끼면서도 결코 포기하지 않았다. 그는 그러한 기질과 함께 욕망을 자제하기 위해 수없이 맹세하고 노력했다. 나는 대부분의 나약한 인간이 간디와 같은 어린 시절의 고뇌를 다소간 경험한다고 본다. 그러한 고뇌를 간디가 어떻게 극복하고 주체를 확립했는가는 리더의 형성에서 대단히 중요한 요소다.

간디는 형의 친구 영향으로 어린 시절에 육식과 육욕을 즐기는 등 타락한 생활을 했음을 『자서전』에서 고백했다. 또 도둑질도 여러 번 하고 아버지에게 고백서를 적어 용서를 빌었다고 했다. 아버지는 눈물을 흘리며 그를 용서했다. 간디는 이 경험이 자신의 죄와 정면으로 대결해 진실을 고백함으로써 아버지를 자신에 대해 안심하게 하고 자신에 대한 사랑을 무한히 증가시켰다고 했다. 즉, 비폭력이나 순수한 사랑을 뜻하는 아힘사에 대한 '구체적인 가르침'이 되었다. 그의 비폭력은 아버지로부터 나왔다. 그러나 그 일로 아버지에 대한 비난이 끝난 것은 아니었다. 간디는 아버지에게 복종하고 죄의식에 굴복하는 것은 거부했다. 비폭력은 죄의식을 극복한 간접적 표현이자 활기찬 자기표현으로서 더욱 많은 시련을 겪은 뒤에 이루어졌다.

그런데 이러한 아버지에 대한 이야기를 하면서 간디는 아버지를 그렇게 만든 것이 "나의 솔직한 고백 탓이라고 믿는다"고 했다. 이는 아버지를 변화시킨 것은 자신이고 자신이 그런 힘을 갖고 있다고 자각했음을 뜻한다고도 볼 수 있다. 앞에서 본 교사의 경우에서와 마찬가지로 간디는 자신의 진실이 갖는 주체의 힘을 자각한 것이었다. 이는 리더들에게 공통적으로 나타나는 양심의 조숙한 발달과 부모에 대한 도덕적 책임감을 보여 준다. 그것이 뒤에 성인이 되어 인류 전체에 대한 책임감으로 발전한 것이다.

주체적 삶을 찾아나서다

어린 시절 간디는 아버지를 몹시 두려워했다. 아버지에 대한 열등의식을 극복하기 위해 어린이는 보통 아버지를 흉내 내기 마련인데 성격이 소심했던 간디는 모방 대신 탈선으로 나타났다. 이 점도 보통사람이면 누구나 경험하는 일이다.

간디의 탈선은 힌두교에서 경원하는 영국인 흉내로 나타났다. 그에게 육식을 권유한 친구는 "영국인은 고기를 먹기 때문에 우리를 지배할 수 있다"고 말했다. "육식이 좋고, 나를 강하고 대담하게 만들며, 모든 사람들이 육식을 하게 되면 영국을 이기게 된다는 생각"이 간디를 사로잡았다.

나는 강하고 담대해지기를 바랐고, 동포들도 그렇게 되어 영국에게 이겨서 인도를 자유롭게 만들기를 원했다. 당시까지 나는 '자치'라는 말을 듣지 못했다. 그러나 자유가 뜻하는 바를 알았다. '개혁'에 대한 열정으로 눈이 흐려졌다. 비밀을 지키기 위해 부모에게 내 행동을 숨기는 것은 진실에서 벗어나는 것이 아니라고 스스로 다짐했다.

이러한 두 가지의 결합을 간디를 정치 혁명에 성공하게 한 요인 중의 하나로 보는 견해가 있다. 그러나 여전히 나약한 그는 양심의 가책에서 벗어나지 못했다. 간디의 탈선은 실패하고 결국 육식을 포기했다. 그래서 어머니와의 일체감은 더욱 강화되었다. 어머니를 더욱 확신적인 모델로 삼은 것에서 인도 역사의 '마하트마'가 나타나기 시작했다. 그러나 그것은 금방 확보되지 않았다.

간디에게는 더 큰 고통이 이어졌다. 그 사춘기의 극단적 순간은 성행위 직후 아버지가 죽고, 마찬가지로 성행위 직후 태아가 죽은 일이었다. 그가 더욱더 어머니를 이상화하고 아버지를 비난한 것은 그런 갈등을 보여 준 것이었다. 그가 아버지에게 굴복하고 남자답고자 노력한 점이 그가 학교에 다니면서 겁이 많은 자신을 책망하는 행동과 결혼 후 성적인 욕망과 아들로서의 의무를 다하고자 하는 욕망이 상충한 사실로 입증된다.

간디는 그러한 상충을 제대로 극복하지 못했다. 그래서 그는 그 짐을 벗기 위해 성적 자제와 타인에 대한 봉사로 평생을 보냈다고 해도 과언이 아니다. 그가 영국에 유학하고자 한 것도 인도에서

도망치고 싶은 욕구가 강했기 때문이었다. 아내와 인도로부터 도망쳐 새로운 주체적 삶을 모색하고자 한 것이었다. 그래서 자기가 속한 카스트에서 파문당하는 것을 무릅쓰고 유학길에 올랐다. 그러나 그는 아직까지 민족주의자도, 민주주의자도 아니었다. 영국에 대한 동경으로 유학길을 떠난 것에 불과했다. 리더로서의 자질도 여전히 없었다.

가난은 분명 죄가 아니다

간디가 태어난 1869년은 인도에서 세포이 대반란이 끝난 지 10년이 지난 해였다. 그의 출생지는 인도의 서쪽 끝, 구자라트의 카티아와르 반도에 있는 포르반다르라는 조그만 지방 나라였다. 1872년 포르반다르 전체 인구는 7만 2000명이고, 포르반다르 시의 인구는 1만 5000명이었다. 이런 지방 나라를 흔히 토후국(土侯國)이라고 부른다.

1858년 이후 인도는 국토(인도와 파키스탄의 분리 이전)의 3분의 1에 이르고 인구의 4분의 1이 사는 550개의 토후국과, 나머지 3분의 2를 차지하는 델리의 부왕(副王)이 통치하는 영국령 인도로 나뉘었다. 그러나 토후국이란 군사력은 물론 어떤 정치적 권력을 갖지 못해 나라라고 하기 힘든 영국의 앞잡이인 허수아비에 불과했고, 영국 정부의 대리인이나 주재관의 감시를 받았다. 토후국은 델리와는 독립된 존재로 인도 정부의 법에 구속되지 않고 영국에 충성했다. 영국은 그런 봉건 국가들의 망을 이용해 인도를 효과적으로 분할 통치했다. 토후국은 그 크기가 각양각색이었는데 카티아와르 지방에는 특히 작은 토후국들이 밀집해 간디 출생 무렵에는 193개나 있었다. 이러한 토후국은 영국에 대한 반란이 일어나도 인도 전역을 휩쓸게 하지 못하게 한다는 점에서 제국의 중요한 안전장치였다. 즉, 소위 꼭두각시 괴뢰의 나라였다.

구자라트는 지금 파키스탄과 인도의 국경지대로서 남쪽의 반도와 북쪽의 카치 습지로 구성된 가난한 지역으로 간디가 태어나기 전에도 마찬가지였다. 간디는 그런 고향을 자랑하지도 부끄러워하지도 않았다. 아니 고향에 대해 언급한 적도 없다.

가난은 죄가 아니다. 간디는 가난을 부끄러워하기보다는 자발적 가난을 찬양했고 그 근원으로서의 금욕을 최고의 도덕으로 평생 받들었다. 이를 간디가 금욕의 지역에서 태어났다는 점과 관련시켜 보는 견해가 있다.

간디가 태어난 구자라트는 채식으로 상징되는 금욕의 인도에서도 "유일하게 전 주민이 완벽하게 육식을 포기한 지역"으로 "비폭력을 보편적으로 받아들였다"고 한다. 세계에서 거의 유일하게 인도에서는 오래전부터 육식을 삼가자는 운동이 벌어졌고 지금도

1부_카리스마 리더에서 섬김의 리더로

대다수가 육식을 나쁜 일이라고 생각하며 채식주의자들을 높인다. 간디의 사상이 채식주의에서 비롯된 점도 고향과 무관하지 않은지 모른다. 그러나 이는 리더 형성의 중요한 바탕은 아니다. 간디는 영국에서의 시행착오를 거쳐 주체적으로 채식주의를 선택했다고 봄이 옳기 때문이다.

간디의 채식주의를 비롯한 특성은 간디가 '하얀 마을'에서 태어난 것과도 관련될지 모른다. '하얀 마을'이라는 간디 고향의 이름은 그곳에 있는 돌의 색이 흰 것에서 유래했으므로 특별한 의미를 갖는 것은 아니다. 하지만 하얀 색은 그의 삶과 사상을 상징한다. 그가 평생 즐겨 입은 하얀 옷은 물론이고 그 '하얀'이 그의 순수한 진실을 표상하기 때문이다.

이러한 '하얀'의 이미지는 우리의 전통적인 '흰옷'과도 연관된다. 정직과 진실, 순수함과 순결함의 상징으로 통하는 상징성에서 간디의 하얀 색과 우리의 하얀 색은 일맥하는 부분이 있다. 우리에게는 더 이상 '흰옷'의 전통이 없지만 나는 그것이 상징하는 정직성과 순수성의 부활이 매우 중요하다고 생각한다. 이는 물질적 욕망에 사로잡힌 우리의 마음과 정신을 바꾸지 않고서는 어떤 변화도 불가능하기 때문이다.

세상을 크고 넓게 보라

간디가 태어나 성장한 고향 구자라트는 언제나 서쪽에서 불어온 새로운 문명의 출발지로서 페르시아인, 아라비아인, 터키인, 그리스인이 찾아와 인도양 무역의 중심지를 형성했다. 따라서 이곳 사람들은 일찍부터 동아프리카, 아라비아 반도, 심지어 동남아시아와 적극적으로 무역을 했다. 16세기경 인도양에서 유럽과의 무역에서는 아라비아인이 중심이었으나, 아시아와의 무역에서는 구라자트인이 중심이었다. 이는 구자라트인이 일찍부터 세계성을 지녔음을 뜻한다. 또한 그곳 사람들이 관념적이지 않고 실용적이고 행동적임을 뜻한다.

간디가 이러한 동양과 서양 문화의 교류지에서 태어났다는 것은 그가 평생 동서양 문화의 조화를 추구한 배경이자 토대가 되었다. 물론 간디가 그런 곳에서 태어났기 때문에 그럴 수 있었던 것은 아니다. 그러나 출신 배경이 하나의 요소가 되었음은 부정할 수 없다. 이는 우리의 국제적, 세계적인 리더를 탄생시키기 위해서는 우리의 풍토가 국제적일 필요가 있음을 뜻한다. 이는 반드시 지정학적인 의미와 관련되는 것은 아니다. 우리가 사는 국토가 한반도라는 점은 여러 가지로 해석되어 왔으나, 구자라트처럼 대륙과 바다를 연결하는 교두보라는 의미에서 그 세계성과 국제성을 적극적으로 인정해 볼 필요가 있다. 실제로 삼국시대나 통일신라,

고려, 그리고 조선 초기까지도 한반도는 그러했다. 쇄국이라는 폐쇄주의는 조선 말기의 일시적인 현상이었을 뿐이었다. 따라서 우리의 전통이 국제주의라면 1970년대 이후의 국제주의는 그런 전통에 근거한 것이라고 볼 수도 있다.

간디는 평생 고향에 대해 특별한 의미를 부여하지 않았다. 이는 어느 정도의 리더가 되면 고향이나 집안이나 가문 꾸미기에 여념이 없는 우리의 리더들과 대조적이다. 간디가 여섯 살까지 살았던 생가는 지어진 지 230년 이상이나 된 3층 집인데 좁은 입구에 22개의 방이 빽빽하게 있는 모습이 옛날 그대로다. 그 옆에 간디가 죽은 지 2년 후 1950년에 지은 간디 기념관(Kirti Mandir)이 있지만 대단히 소박하다. 살아 있을 때부터 스스로 생가를 꾸미는 우리의 리더와는 다르다.

간디 기념관은 간디가 죽었을 때 나이인 79세를 79피트(약 24m) 높이에 79개의 촛대로 장식하고 있다. 그런데 이 촛대는 전세계의 여러 종교와 문명과 나라를 상징한 것이기도 하다. 이는 인도 민족만의 문명이나 종교를 자랑하는 것이 아니라 세계의 모든 문명과 종교의 다원주의, 그리고 모든 나라의 공존을 이루는 세계 평화를 상징한다. 간디의 사상을 한마디로 다원주의적 세계 평화 사상이라고 할 수 있기에 그 기념관의 상징물은 참으로 적합하다.

또 그 속에는 사진 전시실과 함께 작은 서점도 있는데 이 점도 우리와는 다르다. 간디는 100권에 이르는 방대한 전집을 남겼다. 그 책의 대부분은 전문적인 학문 서적이 아니라 일반 대중에게 말한 연설과 짧은 논설, 그리고 수많은 사람들에게 보낸 편지 등이었다. 이 또한 간디가 평생 책을 읽고 글을 쓴 사색가임을 보여 준다. 그리고 간디의 사상이 무엇보다도 그의 책을 통해 계승됨을 보여 준다.

우리는 세계에서 가장 높은 교육열을 자랑하지만 가장 낮은 독서열에 부끄러워해야 한다. 간디는 우리와 달리 교육열이 높을 필요는 없지만 독서열은 높아야 한다는 교육관으로 살았다. 우리에게 간디와 같은 리더가 없는 것은 어쩌면 당연한 일인지도 모른다.

나는 상인 카스트라서

간디는 가난한 지방에서 태어났을 뿐 아니라 그 출신 계급도 낮았다. 고향이나 부모형제, 일가친척이나 가문은 누구에게나 중요하다. 간디 같은 인도인에게는 더욱 중요하다. 인도를 잘 모르는 사람도 인도에는 카스트제도가 있다는 것을 알고 있다. 즉, 브라만, 크샤트리아, 바이샤, 수드라라는 구분이다. 간디의 출신 계급인 바니아는 셋째 카스트인 상인 중심의

바이샤에 속했으므로 매우 낮은 계급이었다. 간디는 대대로 무역상 집안 출신이었다. 간디라는 이름 자체가 바로 식료품 상인이라는 뜻이다. 그러나 간디는 출신에 대한 불만을 가진 적이 없고 도리어 자랑스러워했다.

간디의 조상은 오랫동안 상인 계급인 바니아였다. 그러나 할아버지, 아버지, 작은아버지는 모두 지방 정부의 재상을 지냈으므로 사실은 정치인 집안이었다. 이 점도 간디를 리더로 형성시키는 토대가 되었다. 재상이라고 하지만 이는 매우 작은 왕국의 실무 책임자 정도였다. 우리나라 같으면 상당히 큰 군이나 시의 행정 책임자 정도로 생각하면 된다. 여기서 카스트제도에 따르면 간디 집안은 상인이어야 하는데 어떻게 공무원이 되었는지 궁금증이 생길 수 있다. 그러나 카스트제도는 사실상 상당히 유동적인 것으로서 우리의 신분제도와는 상당히 달랐다.

간디 집안은 평범한 집안이었다. 집에는 책이라고는 거의 없었다. 몇 권 있던 것은 어느 집안에나 있는 종교서적 정도였다. 그러나 조상들이 공무원을 지낼 정도로 재능이 있었고 열심히 노력하는 집안이었다. 간디의 큰형은 변호사와 관리를 지냈고 둘째형은 경찰이 되었다.

바니아는 검소함과 민첩한 사업적 재능 그리고 정직함으로 유명했다. 그래서 간디는 19세에 영국에 유학한 뒤부터 죽을 때까지

가계부를 썼다.

그 결과 수십만 루피의 공금을 만질 때에도 엄격하게 절약해 지출할 수 있었다. 내가 이끈 모든 운동에서 언제나 큰 빚을 지지 않고 항상 돈을 남길 수 있었다. 젊은이들이 나를 모범 삼아 주머니에 들어오고 나가는 모든 것을 정확하게 계산한다면 결국에는 틀림없이 돈을 남기게 될 것이다.

내 생활방식을 엄격하게 관찰했기 때문에 나는 절약할 필요성을 깨달을 수 있었다. 그래서 나는 소비를 반으로 줄이려고 결심했다.

간디는 또한 어려서부터 시간 엄수에 철저했다. 이러한 철저한 돈 관리와 절약, 시간 엄수야말로 간디에게서 배워야 하는 리더로서의 기본 요건이다. 간디는 뒤에 말끝마다 '나는 상인 카스트라서 그렇다'고 했다. 그래서 결코 손해 보는 짓은 하지 않는다고 했다. 그 말에는 세계를 호흡하는 진취적인 상인의 기상에 대한 자부심과 함께 인도의 카스트 계층구조에 대한 비판이 함께 숨어 있다. 그런 모습은 예컨대 네루와 같은 브라만 계층 출신의 귀족적인 풍모와는 전혀 다른 것이었다.

타고르나 네루는 엘리트였으나 간디는 민중이었다. 네루는 엘리트 리더였으나 간디는 민중 리더였다. 이러한 출생 배경이 간디를 민중적이고 진보적이며 계급 초월적이고 실용적인 리더로 성장시키는 데 기여한 바가 크다.

실용적인 영국 유학

간디는 뭄바이에서 공부한 뒤 1888년 9월, 19세 나이에 변호사가 되기 위해 영국 런던으로 유학을 갔다. 한국에서는 신사유람단이 일본에 파견된 해였다. 아시아는 아직도 어두웠으나 당시의 런던은 새로운 사상들이 타오르는 시기였다. 다윈의 『종의 기원』(1859년)이 나온 지 이미 30년이 지났고, 『자본론』 제1권(1867년)이 출판된 지도 20여 년이 지났다. 웨브 부처가 이끄는 페이비언 협회가 사회민주주의를 열심히 선전했고, 러스킨과 모리스가 민중을 위한 예술을 논하는 시대였다.

그러나 19세의 간디는 새로운 사상을 접하기 이전에 인도로부터의 해방감에 신이 나서 떠났다. 표면적인 이유는 인도에서 입학한 대학의 공부를 따라가기 힘들어서였다. 그러나 더 큰 이유는 조혼으로 인한 죄의식과 나약함을 벗어나 남성다운 강인함을 갖기 위해서였다. 그는 영국인처럼 강인해지기 위해 육식을 시도했던 것에는 실패했으나 식민지를 지배하는 영국인처럼 되고자 하는 욕구는 여전히 강렬했다. 그래서 영국 신사가 되기 위해 노력했다. "이 열광은 약 석 달이나 이어졌다. 옷에 대한 사치는 몇 년간 더 이어졌다. 그러나 그때부터 나는 학생이 되었다."

나는 스스로에게 내가 영국에서 평생 살 것이 아니라고 말했다. 그렇다면 웅변을 배워 무슨 소용이 있는가? 댄스가 어떻게 나를 신사로 만들겠는가? 바이올린은 인도에서도 배울 수 있다. 나는 학생이니 공부를 열심히 해야 했다. 나는 법학원에 들어갈 자격을 얻어야 한다. 인격으로 신사가 되면 더 좋지 않는가? 그러지 말고 욕심을 버려야 한다.

이를 애국심 탓이라고 볼 필요는 없다. 당시 그는 영국을 너무 좋아했으므로 가능하다면 영국에 살려고 했을지도 모르고 그랬다면 웅변이나 댄스 등을 배웠을 것이다. 지금 우리나라 젊은이들처럼 말이다. 그러나 그에게는 처음부터 그럴 생각이 없었다. 영국 유학을 결심하면서 어머니와 한 약속 때문이었다. 그는 자신의 실용적 성격 때문에 웅변 등을 배울 필요가 없었다. 영국 신사가 되고자 하는 욕심의 포기는 간디가 이상적으로 생각한 영국식 남성상 추구의 실패를 뜻했다. 그러나 이는 동시에 그의 최초의 승리이기도 했다. 그가 변호사의 꿈을 이룬 것이다.

간디는 변호사가 되기 위해 영국에서 3년간 법학을 공부했으나 『자서전』에서는 이에 대해 거의 언급하지 않았다. 그는 인도에서 학교를 다니면서 받은 상에 대해서도 언급하지 않았다. 그가 등록한 법학원이 네루가 다니기도 했던 인너 템플(Inner Temple)도 쓰지 않았다. 인너 템플을 비롯한 런던의 법학원은 영국의 귀족만이 아니라 네루나 진나 같은 인도의 명문가 자제들이 유학한 명문교였다. 그곳에서 법을 배운 인도 명문가 자제들이 인도에 돌아와 인도 독립운동에 헌신했다. 간디는 그런 명문가 출신이 아니었으나 그가 인너 템플 출신이라는 것은 지금 한국에서 하버드 출신이라는 것 이상의 명예였다. 그럼에도 이에 대해 자서전에서 언급하지 않은 것은 우리의 리더와 다른 점이었다. 그러나 법학이라는 실용적 학문을 공부했다는 것은 간디에게 중요한 영향을 미쳤다.

간디는 법학원의 마지막 학기에 런던 대학교 입학시험에도 도전했다. "그것은 상당한 노력을 요구하지만 별도의 비용 없이 일반 지식을 늘려 줄 것이었다." 즉, 런던 대학교에 입학하기 위한 것이 아니라 순수하게 지식을 탐구하기 위한 공부였다. 첫 번째 시험에서는 라틴어를 낙제했지만 두 번째에는 합격했다. 그가 영국에 도착했을 무렵 영어 실력이 부족했던 점에 비춰 보면 그가 영어는 물론 라틴어까지도 습득했다는 것은 대단한 노력가임을 보여 준다. 순수한 지식의 탐구를 위해 노력하는 것은 또 다른 리더의 요건이다. 그러나 간디는 공부에는 그다지 신경을 쓰지 않았다. 공부보다 더 중요한 것이 생활, 특히 채식이었다.

진리 이상의 종교는 없다

　　　　　　　　　간디는 어려서부터 육식주의와 싸우고 채식주의를 고집했다. 그러나 인도에서와 달리 영국에서는 채식주의를 지키기 어려웠다. 그래서 여러 번의 시행착오를 겪다가 채식주의자들을 만났다. 그들은 인도에서와 달리 합리적으로 채식주의를 옹호해 간디의 고민을 해결해 주었다. 그런데 영국의 채식주의자들은 단순히 채식주의 자체만을 옹호하지 않았다. 그들은 셸리, 소로, 러스킨, 휘트먼, 카펜터, 모리스, 톨스토이 같은 사상가들의 전통을 이어 현대 물질문명을 거부하면서 사회의 근본적 개혁을 요구했다.

　그들의 사상은 다양했으나, 소박한 삶을 믿고 도덕적인 사회주의나 아나키즘을 주장한 점에서는 일치했으며 비폭력 사상과 시민불복종에 공감했다. 셸리처럼 자유연애나 성해방을 주장한 사람들도 있었고 금욕적 독신생활이나 성욕의 자제를 찬양하는 사람들도 있었다. 그러나 모두 돈벌이 수단으로 타락한 당대의 결혼을 비판하는 점에서는 마찬가지였다. 종교에 대해서도 불가지론이나 자유사상을 옹호하는 사람들이 있는가 하면, 신비주의에 젖은 사람도 있었다. 하지만 기성 기독교를 비판하는 점에서는 마찬가지였다.

　간디가 당시 영국에서 그런 사상을 모두 받아들였다고는 보기 어렵다. 그가 소로나 러스킨 등의 사상을 당시에 충분히 이해했다고는 볼 수 없지만 그 사상의 기본에 대해서는 이해했다. 그가 최초로 공식적 입장을 표명한 문제는 산아제한에 대한 것이었다. 인도의 인구 문제에 관심이 컸기 때문이다. 채식주의 단체에서 산아제한 문제가 논의되었을 때 간디는 반대 입장이었으나 그런 입장을 취한 회장이 그 견해를 단체에 강요하려 하자 간디는 회장에게 반발했다. 이것이 간디의 첫 번째 싸움이었다. 그의 반발은 실패했지만 개인의 사상의 자유를 지키려고 한 점에서는 성공했다. 이는 주체성과 공공성을 추구한 그의 최초 노력이었다.

영국 유학 시절의 간디는 자신이 독립운동을 하리라고는 생각조차 하지 못했고 인도인이라는 정체성을 갖기에도 인도에 대한 지식이 너무나 부족했다. 그는 아버지가 매일 읽던 『바가바드기타』를 읽은 적도 없었다. 1892년에야 그는 그 책의 영역본을 읽고서 '진리의 책'이라고 인정했다. 그러나 그 책이 인도의 고전이라고 해서 무조건 찬양한 것은 아니었다. 그는 그 책이 열렬한 헌신과 공평무사한 행동을 통해 더 높은 자아, 진리로 들어가라고 가르치는 것에 감동했다. 즉, 진실성, 주체성, 공공성, 평화성, 실용성, 세계성이라고 하는 그의 리더 철학이 그 책에 있었기 때문에 공감한 것이었다. 특히 당시 인도에서 호응을 받지 못한 행동을 통한 구원인 카르마 요가를 간디는 부활시켰다. 반면 당시 인도인들은 행동가보다는 고행하는 은둔자를 높이 평가하고 『바가바드기타』를 그런 점에서 이해했다. 간디의 이러한 전통에 대한 재해석, 재발견은 그의 평생 동안 일관된 태도였다.

동시에 불교를 비롯한 많은 종교서를 읽었다. 특히 그는 부처의 삶에 대해 에드윈 아널드가 쓴 『아시아의 빛』을 읽고서 『바가바드기타』 이상의 흥미를 느꼈다고 말했다. 구약성서에 대해서는 흥미를 갖지 못했으나 신약성서, 특히 "왼뺨을 치거든 오른뺨도 내주어라"라는 산상수훈은 충격이었다. 신지학협회(Theosophical Society)에도 흥미를 느껴 그 지도자들과 만났으나 입회 권유는 거부했다. 자신의 종교에 대해 잘 모르면서 다른 종교 단체에는 가입하지 않는다는 이유에서였다. 그러나 진리 이상의 종교는 없고 모든 종교는 같은 진리를 구현한다는 것을 배웠으며 조직화된 자선사업과 학교 교육의 폐해에 대해서도 공감했다. 또 간디는 칼라일을 통해 마호메트의 용기와 소박함, 단식과 자기 노동을 발견했다. 이는 뒤에 그가 이슬람교에 공감하는 토대가 되었다.

간디는 『바가바드기타』와 불교, 그리고 산상수훈 등을 통일하고자 했다. 그 원리는 바로 종교의 최고 원리인 욕망의 자제였다. 그리고 음식과 의복에 대한 욕망을 자제한다는 실험에 들어갔다. 욕망의 자제라는 원리는 그 후 그의 정치에도 그대로 중심 개념이 되었다. 이러한 삶의 근본에 대한 관심은 간디 평생에 일관된 것이었다. 그리고 그것만이 독재 권력을 파괴할 수 있는 폭발력을 갖는 것이었다.

이처럼 종교에 깊은 관심을 기울인 것 외에 간디가 당시 청년들에게 널리 읽혀진 다윈이나 마르크스 등의 책을 읽었다는 기록은 없다. 간디는 그런 책들이 아니라 성경과 『바가바드기타』와 불교를 읽고 혁명가가 된 것이었다. 심지어 그는 영국에 유학 중일 때 비로소 처음으로 신문을 읽고 일기를 썼지만 신문이나 잡지는 그에게 아무런 영향을 주지 못했다. 그도 신문을 발간하고 논설을 써서 많은 영향을 끼쳤지만 말이다.

그는 처음부터 학구적인 독자가 아니라 기능적인 독자였다. 즉, 실제로 적용할 수 있는 것만 기억했다. 그러니 우리 식의 운동권 학생도 학구적인 학생도 아니었지만 종교라고 하는 더욱 근원적인 문제에 지속적인 관심을 갖게 되었다. 그러나 그의 리더 철학을 종교에만 한정할 수는 없다.

세계를 호흡하고 삶을 각성하다

간디는 인도의 유산에 대해 인도인들이 무관심했을 때 도리어 관심을 집중하고 그것을 서양에서 배운 지식인 법과 논리와 합리성으로써 새롭게 이해했다. 그 자신은 결코 서양화되지 않는 주체성을 확고하게 지켰지만, 서양의 눈을 통해 인도를 재발견하고 어떤 인도 지식인보다 인도의 지혜를 더 잘 가르칠 수 있게 되었다. 그것이 영국 유학이 간디에게 준 최고의 공적이었다. 그래서 간디가 인도에 가져온 철학은 풍부한 생산력을 가진 혼혈의 잡종이었다. 여기서 우리는 리더란 세계를 호흡한다는 것을 알 수 있다.

그러나 이는 서양문물을 무조건 찬양하거나 수입하는 것과는 전혀 달랐다. 가령 그는 법학도로서 로마법을 공부하고 특히 소유권에 대해 흥미를 느꼈지만 메인의 《힌두법과 관습에 관한 연구》를 읽은 뒤 영국이나 유럽과 달리 인도에서는 공동재산이 기본이라고 생각하고, 당시 채식주의자들이 꿈꾼 협동적 삶이 인도에서 가능하다고 보았다.

그러나 진정한 리더로서의 간디의 특징은 배운 것을 실천한 점에 있다. 그는 서양 지식을 인도의 최선의 것에 초점을 맞추는 데 이용했고 이를 인도에 적용해 다른 곳에서는 유례를 볼 수 없는 성공을 거두었다. 채식주의를 비롯한 사회주의나 아나키즘은 영국을 비롯한 유럽에서는 시들었으나 인도에서는 뿌리를 내리고 꽃을 피워 민중을 일으켜 세웠다.

그러나 아직은 아니었다. 그가 영국을 떠날 때 친구들이 마련한 자리에서 그는 몇 마디 하지도 못하고 앉아버렸을 정도로 여전히 부끄러움이 많았다. 그러나 그 덕분에 그는 잡담으로 시간을 낭비하지 않고 말하기 전에 신중하게 생각하는 습관을 기를 수 있었다. 이처럼 리더는 자신의 결점을 장점으로 만들어야 한다.

간디는 런던 도착 후 2년 8개월이 지난 1891년 6월, 변호사(Barrister) 자격을 얻고 귀국했다. 그러나 어머니는 그가 영국에 있는 동안에 돌아가셨다. 그는 아버지의 죽음에 대한 죄의식에서 영국으로 도망친 것 이상의 고통을 겪었다. 어머니는 그의 영국 유학에 반대했다. 그러나 영국에서 그는 어머니와의 채식과 절욕의 약속을 지켰으므로 어머니의 죽음에 대한 죄의식은 아버지 때 보다는 약했고 도리어 어머니의 죽음은 그와 어머니의 일체감을 더욱 강하게 만들었다.

한국에서는 유학이 출세의 지름길이다. 과거에는 물론 지금도 미국 유학은 출세에 상당히 유리하다. 19세기 말 인도에서도 그랬다. 그러나 간디의 경우 유학을 다녀와도 생활이 어려웠다. 카스트에서는 여전히 파문 상태였다. 형이 그들에게 잔치를 베풀어 파문은 철회되었으나 갈등은 여전히 남아 있었다. 3년 만에 만난 아내와의 관계도 질투와 독점욕 때문에 어려웠다. 자신의 카스트에서 추방당한 그는 아내의 집안으로부터도 멸시를 받았고 심지어 아내도 그의 권위주의를 인정하지 않았다.

간디는 힌두법이나 무슬림법을 공부하기 위해 뭄바이로 갔다.

그는 고등법원에 들어가기 위해 경험을 쌓고자 했으나 법정 경비원들의 뇌물 요구를 거절해 사건을 맡기가 어려웠다. 그러다 겨우 맡은 첫 재판에서 그는 눈에 아무것도 보이지 않을 정도로 당황해 큰 실패를 맛보았다. 결국 의뢰인에게 변호사 비용을 반환했다. 그 후 그가 한 일은 의뢰인을 위한 문안 작성이었고 그것도 힘들어 라틴어 선생으로 겨우 생활을 잇다가 고향으로 돌아가 탄원서를 대서했다.

당시 포르반다르 관청에서 일하던 간디의 형이 간디에게 자기와 마찰이 있는 영국인 사무관에게 그 대신 잘못을 빌어달라고 요청했다. 간디는 그 일이 싫었지만 형의 간곡한 부탁으로 사무관을 만났다. 그러나 사무관은 그의 요청을 받아주기는커녕 그를 폭행했다. 그는 그를 제소하려고 했으나 이웃의 만류로 포기했다. 이 일을 계기로 간디는 이면공작이나 사적인 친분을 이용하는 것을 혐오하게 되었다. 연줄을 이용하려다가 '최초의 충격'을 받은 경험이었다. 당시의 인도 못지않게 지금 한국도 연줄사회인 것을 생각하면 연줄에 대한 반성이 리더에게는 참으로 절실하다고 생각된다.

이 사건은 그에게 중요한 전환점이 되었다. 왜냐하면 그전의 그는 아버지의 죽음으로 인한 죄의식으로 굴욕을 당해야 한다고 생각했으나 영국인과의 사건으로 그가 굴욕을 당할 이유가 없다고 느꼈기 때문이었다. 즉, 죄의식은 더 이상 내면의 도덕적 수치의 문제가 아니라 외적인 권력과 권위의 문제로 변했다. 그래서 그는 주체적인 인간으로 자유롭게 행동할 수 있었다. 만일 당시에 간디가 영국인에게 대항할 수 있었다면 그는 도피하지 않았을 것이다. 그러나 그는 대항할 수 없었고 대항 행동이 정당화될 수 없었기 때문에 그런 절망적 상황에서는 도피할 수밖에 없었다. 그래서 남아연방에서 소송을 담당하게 되어 1893년, 1년 계약으로 그곳으로 갔다. 그러나 그 후 20년을 아프리카에서 보낼 줄은 꿈에도 생각하지 못했다. 더욱이 그가 주체적 행동의 리더로 거듭날지도 몰랐다.

그때까지 그는 정치사회 현실에 대해 특별히 민감하지 않았다. 1893년 북인도에서 소 보호를 둘러싸고 힌두교도와 이슬람교도 사이에 충돌하는 사건이 터졌듯이 분열과 대립이 심화되었어도 간디는 무관심했다. 아프리카로 가기 전 2년 동안 간디는 어렵게 살았지만 사회적 자각은 없었다. 아직 완전한 리더가 아니었다. 아니 리더로서의 가능성도 거의 없었다. 그런 간디가 어떻게 리더로 탄생하게 되었는가?

2부

두려움 없이 세상을 지휘하라

리더의 꿈은 비전이다. 비전이란 앞을 내다보고 가능성을 볼 줄 아는 능력이다. 비전은 명백한 초점을 지녀 현실적으로 가능해야 한다. 초점 없이 모호한 비전은 우리 모두를 갈팡질팡 비틀거리게 할 뿐이다. 우리 시대의 리더는 현실에 뿌리박아 미래를 비춰줄 수 있는 구체적 비전으로 삶과 세상을 변혁시켜야 한다.

사랑과 긍정으로
존경받다

한 치의 망설임도 없이

간디에 흥미를 갖는 사람이면 영화 〈간디〉를 보았을 것이다. 세 시간이 넘게 간디의 일생을 다루는 영화인데, 그가 암살당하고 화장당하는 첫 장면 다음에 나오는 그의 최초의 삶은 1893년 남아프리카에서 시작된다. 교과서에도 나오는 이 장면은 간디가 도덕적 용기를 통해 참다운 리더가 되는 계기를 보여 준다. 모든 분야에서 리더십을 결정하는 것은 도덕적 용기다.

영화는 24세의 영국 신사 차림인 청년 변호사 간디가 남아프리카 도착 1주일 만에 열차에서, 자신은 1등칸 차표를 타서 1등칸에

탔는데 백인이 아니라는 이유로 3등칸으로 가라는 차장의 명령을 거부하자 열차에서 쫓겨난 인종차별 사건으로 간디의 일생을 풀어 간다. 당시 간디는 재판을 위해 트란스발의 프리토리아(요하네스버그 위에 있는 도시)에 가는 중이었다. 변호사로서 간디는 멋진 복장을 하고 1등칸에 탔다. 그런데 기차가 마르츠부르크 역에 도착하자 인도인은 모두 화물차로 옮기라는 말을 들었다. 그는 1등칸 차표를 보이며 항의했으나 바로 쫓겨났다. 간디 생애를 다룬 이 영화에서 다루어진 최초의 사건은 그의 20대를 묘사한 영화의 마지막 사건이기도 하다. 간디는 『자서전』에서 그 사건 직후에 대해 다음과 같이 썼다.

> 나는 나의 의무에 대해 생각하기 시작했다. 내 권리를 위해 싸워야 하느냐, 아니면 인도로 돌아갈 것이냐, 아니면 모욕에 대해서는 생각하지 말고 계속 프리토리아로 가서 사건을 끝내고 인도로 돌아가야 하느냐? 나의 의무를 완수하지 않고 인도로 돌아간다는 것은 비겁하다. 내가 당한 고통은 피상적인 것에 불과하다. 그것은 유색인종에 대한 편견이라는 깊은 병의 증상에 불과하다. 어떤 고통을 겪는다고 해도 가능하다면 그 병의 뿌리를 뽑도록 노력해야 한다. 잘못에 대한 보상은 인종편견을 제거하기에 필요한 정도로만 요구하기로 했다.

이 사건은 간디 인생의 중대한 전환점이었다. 그 순간 그가 선택할 길은 여러 가지가 있었다. 차장과 싸우느냐, 인도로 돌아가느냐, 맡은 일을 마치고 돌아가느냐 등등. 그러나 그는 "어떤 고통을 겪는다고 해도 가능하다면 그 병의 뿌리를 뽑도록 노력해야 한다"고 결심한다. 그리고 평생 자기만의 그 길을 간다. 그는 그 길의 마지막을 알지 못하지만 그 길이 옳다고 생각해 그 길을 간다. 사건 당시의 고통도 컸지만 그 뒤 간디가 죽을 때까지 평생 겪은 고통은 이루 말로 다할 수 없는 것이었다. 그럼에도 그는 그 길을 평생 갔다. 한 치의 뉘우침도, 망설임도 없이.

수줍은 변호사에서 강한 리더로

아프리카 고지의 겨울밤은 얼어 죽을 정도로 추웠다. 외투는 기차 안 화물칸에 있었다. 전등도 없는 추운 대합실에서 그는 유색인종에 대한 편견이라는 백인 사회의 '병리'에 대해 고심했다. 그는 조국으로 돌아갈 수도 있었으나 반대로 자신에게 닥친 '부정'과 싸우기로 결심했다.

그래서 철도회사의 총지배인에게 긴 항의 전보를 쳤다. 그는 개인적인 수치감을 전혀 느끼지 않았다. 그가 강제로 하차당한 것은 개인적인 이유가 아니라 그가 인도인이라는 이유에서였다. 그래서 자유롭게 행동할 수 있게 되었다. 그는 고향에서보다 더 자유로웠다. 아프리카는 과거의 나약한 감정을 극복할 수 있는 새로운 땅이었다.

그는 인종차별을 '병리'이자 '부정'으로 보고 그것은 고쳐질 수 있다고 믿었다. 백인 사회와 투쟁한다는 것은 결코 그의 목적이 아니었다. 그러나 불쾌한 경험은 그것으로 끝나지 않았다. 종점인 찰스턴 역에 내려 탄 역마차의 백인 차장은 역마차 안 좌석에 인도인은 앉을 수 없고 조수석에 앉아야 한다고 했다. 간디가 모욕을 참고 조수석에 앉자 차장은 다시 바닥에 앉기를 요구했다. 이번에는 간디가 거부하자 차장이 그를 폭행했다. 승객들이 끼어들어서야 차장은 폭행을 멈추었다. 결국 간디는 자신의 좌석을 지켜냈다.

목적지인 요하네스버그에 도착하자 인도인은 호텔에 들 수도 없고, 트란스발에서는 인도인이 기차의 1등석과 2등석 기차표를 끊을 수도 없다는 것을 알게 되었다. 프리토리아에서는 하숙집을 구하기도 어려웠다. 그러나 프리토리아에서 즉시 소집한 인도인 전체 회의에서 그는 자신의 경험을 말하면서 자기가 당한 존엄성 모독은 인도인의 공통적 운명임을 깨닫고 자신들이 그 운명을 극복할 수 있는 개혁이 필요하다고 역설했다. 특히 그는 지위 향상을 위해서는 그에 상응하는 책임을 다해야 한다고 역설했다. 즉, 인도인은 사업에서도 정직하고 성실해야 하며 청결을 유지하고 종파나 지역

별로 반목하지 말고 단결해야 한다고 주장했다.

그는 자신이 더 이상 무가치한 존재가 아님을 느꼈기 때문에 수줍은 무능 변호사에서 벗어나 진정한 리더로 거듭났다.

사회적 자각, 삶을 통찰하다

위 일화는 여러 가지로 해석된다. 그 해석들은 간디의 비폭력 권리투쟁, 비겁에 대한 증오, 문제의 본질에 대한 통찰, 사명의 자각 등이다. 그러나 나는 그 모두가 자존을 세운 것에서 비롯된다고 본다. 용기는 모욕을 참지 않는 자존에서 나온다. 자존은 자신의 자유를 확인하는 것이다. 간디는 후에 "노예의 굴레는 그가 자신을 자유로운 존재라고 여기는 순간 벗겨지고 만다"고 말했다.

여기서 자존이라 함은 자기존중(self-respect)을 뜻한다. 자기존중에서 출발하지 않는 리더란 있을 수 없다. 정치든 기업이든 사회단체든 어떤 리더라도 자존심 없는 리더란 있을 수 없다.

> 한 개인이 추구하는 것이 노예제도가 아니라 동료의 협조라면, 그는 자신에게도 봉사하고 협조를 얻고 싶은 사람에게도 봉사한다. … 이 원리에 따라 활동하기를 원하는 자는 작은 것에서부터 출발하는 것에

만족한다. 그는 수천 사람들의 협조를 얻어낼 수 있는 능력을 갖고 있더라도, 혼자 설 수 있게 해 주는 자제와 자존을 자신 안에 충분히 갖고 있어야 한다. 그렇다면 어떤 사람도 그를 머슴으로 여기거나 자신의 복종 아래 두려는 꿈을 꾸지 않을 것이다.

간디 사건은 60여 년 뒤인 1955년 미국 시민권 운동의 출발로 반복되었다. 당시 42세였던 흑인 여성 로자 파크스는 버스에 올라 유색 칸으로 표시된 좌석들 중 가장 첫 줄에 앉았다. 버스가 정류장을 계속 지나는 동안 앞에 있는 백인 전용칸의 좌석들이 점차 차게 되어 두세 명의 백인 승객들이 서 있게 되자 운전기사는 유색 칸의 표시를 로자가 앉은 자리 뒤로 밀어내고 중간에 앉은 네 명의 흑인들에게 일어나라고 요구했다. 세 명의 다른 흑인들은 움직였으나 로자는 움직이지 않았다. 운전기사가 왜 일어나지 않냐고 묻자, 그녀는 "내가 일어날 필요가 없다고 생각해요"라고 대답했다. 운전기사는 경찰을 불러 로자를 체포하게 했으나 그녀는 곧 풀려났다.

이후 버스 보이콧 운동이 벌어졌다. 버스 안에서 흑인이 평등하게 존중받고 흑인 운전기사가 고용되며 먼저 탄 사람이 중간 자리를 차지할 수 있을 때까지 투쟁하기로 했다. 며칠 뒤 로자 파크스는 질서를 어지럽힌 행동을 했다는 혐의로 기소되어 유죄를 선고

받아 10달러의 벌금과 4달러의 법정 비용을 물게 되었다. 그녀는 이에 항소해 무죄와 인종 분리법에 정식으로 도전하게 되었다.

로자 파크스는 이후 여러 고초를 겪었지만 민권운동의 상징적 인물이 되었다. 백화점에서 직장을 잃고, 남편 또한 직장을 그만둬야 했다. 1957년부터는 이 사건을 알리기 위해 각지를 돌며 연설했다. 재봉사 일을 계속하면서 1988년에 은퇴할 때까지 이 일을 계속했다.

이처럼 리더는 사회적인 자각에 의해 탄생한다. 개인적인 자각으로 자기가 좋아하는 일에 매진해 성공하고 사람들을 거느리게 되어 리더가 되기도 하지만 진정한 리더의 자각은 사회적 자각이나 민족적 자각 또는 국가적 자각에 의해 탄생한다. 바로 간디가 인종차별철폐를 위해 평생을 바치겠다고 하는 자각이다. 그전에 그는 영국에서 유학하기도 했지만 그런 사회적 자각을 하지는 못했다. 이는 우리나라 리더들이 일제 때부터 선진국에 가서 선진 문물을 접하고 사명감을 느낀다는 식의 이야기와는 다르다.

인종차별 경험은 철도 사건 이전에도 있었다. 더반에서 간디가 평소처럼 벵골 터번을 쓰고 법정에 들어가자 치안판사가 터번을 벗을 것을 요구했다. 그러자 간디는 그 요구를 거부하고 법정을 나와버렸다. 간디는 반드시 벵골 터번을 써야 한다고 생각한 것은 아니다. 영국 모자를 쓸 생각도 했다. 당시 인도인이 영국 모자를 쓰면 천대받는 웨이터처럼 보인다는 충고 때문에 그렇게 하지 않은 것이었다. 그러나 일단 문제가 되자 그는 신문에 투고하는 등 적극적으로 대응했다.

이 사건은 예고편에 불과했다. 본 영화는 위에서 본 철도 사건이었다. 간디는 후에 이 사건을 자신의 인생에서 가장 창조적인 과정이었다고 말했다. 그는 처참한 인종차별의 비극적 사건을 창조적인 일이라고 불렀다. 이 점에 주목해야 한다. 이는 그 뒤 수많은 시련을 겪으면서 간디는 무섭고 두려웠지만 결코 굴복하지 않았다는 점과 관련된다. 최초 연설 이후 간디는 인종차별철폐를 위해 노력했다. 법에는 차별이 없다고 철도 회사에 항의하고, 간디와 같이 이등칸에서 쫓겨난 인도인이 철도 당국을 상대로 소송을 제기해 승소했다. 그러나 이는 작은 승리에 불과했다. 더 큰 싸움이 필요했다.

여기서 리더는 더 큰 싸움을 위해 상황을 정확하게 조사한다는 점을 주목해야 한다. 간디는 남아프리카 인도인의 상황을 알아보기 시작했다. 나탈은 19세기 초에 케이프 식민지에서 분리한 보어인들이 세운 공화국이었으나, 1893년 이래 영국의 영토가 되었다. 나탈과 함께 보어인들이 세운 트란스발과 오렌지, 그리고 케이프로 구성된 남아연방은 1910년, 영국 자치령으로 성립되었다.

이 지역은 당시 사탕수수를 재배한 영국인 대농장 소유자들이 지배한 식민지였다. 1833년 노예노동이 폐지되자 대농장은 인도인 이민노동에 의해 경작되었다. 1890년대에는 인도인이 나탈에 5만 명, 남아프리카 전역에 10만 명을 넘었다. 이민노동이라고 하지만 사실상 노예노동과 같았다. 그들은 처음 5년간 노동을 하면 자유롭게 노동을 하고 토지도 소유하는 것으로 되어 있었으나 사실은 주인의 소유물에 불과했다.

그곳에서 인종차별은 합법이었다. 오렌지에서는 1888년 법에 의해 인도인은 호텔 웨이터와 같은 육체노동에만 종사하고 상인은 추방되었다. 트란스발에서도 1886년 법에 의해 인도인은 3파운드의 인두세를 지불하도록 강제되었고, 선거권과 소유권은 인정되지 않았으며, 거주와 영업도 제한된 지역에서만 인정되었다. 이어 유색인종법에 따라 인도인은 공공도로를 걷는 것조차 금지당했고, 9시 이후에는 허가증 없이 외출도 불가능했다. 간디만이 그곳 법무관과 같은 영국의 법학원에 속한다는 이유로 특별한 증명서를 받아 경찰의 구타를 당하지 않고 외출할 수 있었다.

그러나 간디는 곧 영국이나 인도에서 경험하지 못한 엄청난 인종차별에 부딪혔다. 인도를 떠나 남아프리카에서 성공을 빌었지만 간디는 그곳에서 최초로 인종차별을 경험했을 정도로 그곳 사정은 더욱 어려웠다. 프리토리아에서 열차에서 쫓겨난 뒤에야 간디는 인종차별에 대해 비폭력으로 저항하기로 결심했다.

투쟁보다는 화해의 편

당시 남아프리카에서 간디가 담당한 소송은 약속어음을 둘러싼 복잡한 사건이었다. 그는 사건 해결을 위해 부기를 공부하고 회계학 교과서를 읽어 사실을 면밀히 조사했다. 그래서 과거와는 달리 훌륭한 변호사로서 승리를 확신하게 되었다. 그러나 소송이 계속되면 변호비용으로 원피고 모두 파산한다는 것도 알게 되어 조정에 나서 성공시켰다. 그는 뒤에 자서전에서 변호사의 참된 기능은 당사자를 화해시키는 것이라고 말했다.

소송이 끝나고 계약 기간도 만료되어 귀국 파티를 하는 날, 그는 나탈에서 인도인의 선거권을 박탈하는 선거법이 상정되었다는 뉴스를 들었다. 인도인들은 상업이 가능하면 선거권은 박탈당해도 좋다는 태도였으나, 간디는 "그것은 우리의 관에 박히는 최초의 못입니다. 우리 자존심의 뿌리를 자르는 것입니다"라고 말했다. 그리고 귀국을 포기하고 항의 행동을 개시했다. 이것이 남아프리카 인도인들이 최초로 정치적인 조직 활동을 시작한 것이었다. 그것은 "민족의 자존심을 위한 싸움의 씨를 뿌려 주었다."

간디는 법안 연기를 요청하는 전보를 의회에 보냈다. 이틀 연기된 뒤 법안은 통과되었으나 간디는 인도인들의 존재를 알린 점에 만족했다.

우리 모두는 그것이 미리 정해진 결론임을 알았으나, 그 움직임은 인도인 사회에 새로운 활기를 불어넣었다. 그리고 그 사회는 하나지 나뉠 수 없고, 상업의 권리와 마찬가지로 정치적 권리를 위해서도 싸우는 것이 의무라는 확신을 주었다.

간디는 영국 정부의 승인을 늦추기 위해 세 가지 전략을 세웠다. 첫째, 모든 인도인들이 참여해 일을 분담하고, 둘째, 선거권 박탈 법안의 위험성을 모든 인도인에게 알리며, 셋째, 남아프리카만이 아니라 영국과 인도에도 알린다는 것이었다. 2주간이라는 짧은 시간에 종교나 출신지에 관계없이 1만 명이나 반대 서명에 참여했다. 간디가 쓴 청원서는 원칙론과 현실론으로 짜였다.

먼저 우리는 인도에서도 선거권을 가지므로 나탈에서도 선거권을 가질 권리가 있다고 주장했다. 또 선거권을 행사하는 인도인은 극소수이므로 그것을 유지시켜도 현실적으로 문제가 없다고 주장했다.

이러한 청원의 논리는 모든 청원의 모범이었다. 결국 영국 정부는 그 법안의 승인을 거부했다. 그러자 나탈 의회는 인도인의 선거권을 간접적으로 박탈하기 위한 새 법안을 들고 나왔다. 그러나 간디는 원칙에서 앞서 갔다. 투쟁은 계속되었다.

인도인의 지위가 높아지자 편견과 탄압도 더욱 커졌다. 그래서 인도인에 대한 차별법이 계속 나타났다. 이에 대응해 간디와 인도인들은 영속적인 조직을 만들었다. 이미 인도에서 활동하고 있던 국민회의를 나탈에 확대하고자 그 이름을 따서 1894년 5월, '나탈 국민회의'가 조직되었다. 간디는 간사로 취임했다. 우연찮게 하나의 법안에 대한 탄원서로 시작된 운동이 국민조직으로 발전한 것이었다.

1년에 한 번 모이는 엘리트 집단이었던 인도 국민회의와 달리 나탈 국민회의는 1년 내내 활동했고 매달 300명의 회원이 들어왔다. 그 목적도 인도인과 유럽인 사이의 우호 협력관계 촉진, 유럽에 인도 홍보, 인도인에게 인도 역사와 문학 소개, 사회적·정치적 활동과 자선사업 등과 같이 광범했다.

나탈 국회는 노동계약이 종료되어 나탈에 머물고자 하는 인도인에게 25파운드라는 엄청난 액수의 인두세를 물리는 법을 만들었다. 인도인회의는 이에 반대하는 운동을 전개해 결국 3파운드로 결정되었다. 간디는 회의의 조직을 안정시키기 위해 기금 조성에 노력하고 건물을 구입해, 그 임대료를 회의 운영비용으로 충당했다. 그러나 그는 조직을 항구적인 기금으로 운영하는 것은 민중의 의견을 무시하는 것이 된다고 보고, 회원의 회비로 충당했다. 이러한 조직론은 간디가 평생토록 견지한 것이다.

신은 내 안에 있다

당시 중요한 문제는 가난한 하층 인도인이 국민회의에 가입할 수 없었다는 점이었다. 간디는 그들과 관계를 맺고 싶었으나 방법을 몰랐다. 그때 영국인 주인에게 구타당한 쿨리가 그를 찾아왔다. 쿨리란 육체노동에 종사하는 하층의 중국인·인도인 노동자를 뜻하는 말이다. 간디는 진단서를 치안판사에게 제출하고 주인의 처벌이 아니라 실제적인 해결을 요구해 쿨리를 다른 곳에서 일하게 했다. 이 사건 직후 노동자들이 국민회의로 몰려들었다. 이는 다시금 인도 국민회의를 넘는 중요한 발걸음이자 장차 인도에 결정적인 중요성을 갖는 발걸음이었다.

간디는 그 지역에서 정식 자격을 갖춘 최초의 인도인 변호사였다. 그러나 그는 쿨리 변호사로 불리게 되었다. 이민노동자들은 주로 타밀 출신이어서 간디는 그 언어도 익혔다. 그 지역만이 아니라 여러 지역의 노동자들을 위해 노력했다. 그래서 다언어, 다문화, 다종교라는 특징을 갖는 인도 전역의 지도자로 성장했다.

아프리카 시대에 간디를 지지한 사람들은 먼저 상인층이었다. 이는 인도 국내 국민회의파의 지도자들이 지식인계층인 바라봄이었던 점과 달랐다. 또한 힌두교도보다도 회교도가 압도적이었다. 이는 뒤에 간디가 힌두교도와 이슬람교도를 통일시키는 데 중요한 역할을 했다. 그러나 무엇보다도 중요한 점은 아프리카 인도인의 대부분을 차지한 이민노동자의 지도자로 그가 부상했다는 점이다. 이어 간디는 리더로서 투쟁을 끝없이 지속한다. 그러나 그것은 교양 있게, 부드럽게 한 것이었다.

간디는 줄기차게 탄원서와 팸플릿을 만들어냈다. 1895년 말에 출판한 『인도인의 선거권』은 21세기에도 그대로 먹힐 만한 내용이었다. 그러나 그는 영국인들을 비난하기는커녕 오히려 찬양했다. 그리고 괴테, 쇼펜하우어, 뮐러 등과 같은 서양 대가들의 말을 인용해 논지를 폈다. 그는 역사, 철학, 예술 서적 등을 두루 읽었다. 영국의 채식주의자들과도 여전히 관계를 유지했다.

남아프리카에서 간디는 기독교도와 접할 시간이 많았다. 그는 기독교 집회에 참석했고 많은 기독교 서적을 읽었다. 그러나 기독교가 다른 종교와 다르다고 생각하지 않아 개종은 거부했다. 특히 예수가 유일신의 아들이고 그를 믿으면 천국에 간다는 것을 받아들일 수 없었다. 그는 신이란 공적적 봉사에 의해 실현되는 것이고 종교와 도덕은 같은 것이라고 생각했다. 또한 인간만이 영혼을 갖는다고 하는 기독교 사상을 거부했다. 힌두교와 불교에서는 모든 생물이 동등했다.

당시 간디가 가장 감동을 받은 기독교 서적은 톨스토이의 『신의 나라는 네 속에 있다』였다. 톨스토이는 '악을 악으로 갚지 말라'는 그리스도 가르침에서 출발해 이를 무력의 완전한 포기, 즉 평화주의적 아나키즘으로 이해했다. 톨스토이에 따르면 국가는 밖으로는 전쟁을, 안으로는 억압을 위해 무력을 행사하므로 부도덕하고, 특별한 의식과 변호를 통해 국가를 지지하는 교회도 기만적이다. 즉, 권력의 소유는 인간을 타락시키고 권위는 선을 낳을 수 없다. 이처럼 톨스토이는 국가와 계급 구조는 악이므로 예수의 제자는 반역자, 양심적 반대자, 체제전복자일 수밖에 없다고 보면서도 비폭력이어야 하고 지배계급조차 마음을 돌리려고 노력해야 한다고 주장했다.

이러한 주장은 인도에서 아힘사가 단순히 동물을 해치지 않는다는 의미에 그치고 비겁함으로 변질되기 쉬웠던 점을 극복하게 해 주었다. 다시금 서양을 통해 인도를 재발견한 것이다. 아울러 뮐러의 『우리는 인도에서 무엇을 배울 수 있는가?』도 인도의 마을에서 국가 이전의 참된 민주주의를 발견할 수 있는 가능성을 간디에게 보여 주었다.

게다가 1895년 봄에 찾은 더반 부근의 트래피스트회 수도원이 그런 공동체의 가능성을 보여 주었다. 인종차별 없이 모두가 똑같이 일하고 채식을 하며 자급자족하는 그곳에서 간디는 아슈람의 원형을 발견했다.

비겁이라는 깊은 상처

간디는 어린 시절 그에게 고기를 먹도록 부추긴 친구를 교화시키고자 남아프리카로 불러 집안일을 부탁했다. 그러나 친구 메타브는 집안에 매춘부를 불러들였다. 이를 안 간디는 그에게 떠나라고 했다. 그가 순순히 따르기는커녕 공갈과 협박을 하자 간디는 아무런 망설임 없이 단호하게 경찰을 불렀다.

간디는 남아프리카를 떠나기 어렵다고 판단해 인도에서 가족도 데려오고 남아프리카 실정을 알리는 운동을 벌이기 위해 1896년 6월 인도로 갔다. 고향에서 그는 뒤에 녹색 팸플릿으로 알려진 책을 쓰고 특히 화장실 문제에 관심을 가졌다. 여러 곳을 여행하며 강연도 했다.

그리고 12월에 남아프리카로 돌아오면서 폭풍을 만났다. 그때 사람들이 자연스럽게 기도를 하는 것을 보고 그는 인도 재건이 위기를 통해서만 해결될 수 있다는 생각을 했다. 그 후 배가 더반에 닿았는데 입항이 허락되지 않았다. 당국은 검역을 이유로 삼았으나 실질적 이유는 간디가 쓴 녹색 팸플릿 때문이었다. 그 책에서 간디가 나탈 인도인이 백인들에게 "갖은 약탈을 당하고" "짐승처럼 취급받고 있다"고 써서 간디가 백인들을 누르려고 쿨리를 데려오고 있다는 소문이 퍼졌던 것이다. 그러나 승객들은 간디를 지지했고 자신들에게 상륙할 권리가 있다고 주장했다. 간디는 승객들에게 톨스토이의 비타협에 대해 연설하면서 백인들의 문명은 폭력에 근거한다고 비판했다.

도착 후 23일 만에 입항이 허락되자 충돌을 막기 위해 밤에 몰래 상륙하라는 충고를 거부하고 당당히 낮에 상륙했다. 결국 예상된 충돌 사태가 빚어졌다. 경찰관으로 변장하고 빠져나간 간디가 가해자들을 고소하지 않자 백인들은 그에 대한 오해가 풀렸다. 그러나 이 일은 간디에게 깊은 상처로 남았다. 그는 비겁을 무엇보다도 싫어했기 때문이다.

간디는 싸움을 계속했다. 당시 그가 쓴 탄원, 연설, 기고 등은 세세한 것까지 사실에 근거해 명쾌하게 논지를 풀어 나가는 그의 태도를 알 수 있게 한다. 흔히 간디는 종교의 힘으로 움직였다고 하지만 그는 종교에 대해 언급하지 않았다. 그 힘은 정직성, 주체성, 공공적 헌신, 평화에 대한 추구, 실용적인 정신 등에서 나왔다.

그는 변호사 수입으로 부유하게 살면서 기부도 열심히 했다. 모습도 영국 신사였다. 그 후 2년간 간디는 인도인의 위생 상태와 하수 시설 개선을 위해 노력하고 자선병원에서 매일 두 시간씩 간호 봉사를 했다. 이에 대해 많은 이들이 공상적 사회개량이라고 비판했으나 간디는 소박하고 검소하게 사는 법을 익혔다.

다시 싸울 수밖에

1899년 보어전쟁이 터졌다. 보어인을 동정하고 톨스토이를 따르는 간디로서는 그 전쟁에 참가한다는 것이 있을 수 없는 일이었으나 간디는 영국에 대한 권리 주장과 마찬가지로 의무도 수행해야 한다는 이유에서 참전했다. 그때까지 그는 영국의 헌정 질서 속에서 투쟁했고 인도 해방은 영국을 통해 이루어질 수 있다고 믿었다.

그는 부상병을 실어 나르는 인도인 부대를 만들자고 제의했다. 인도인을 겁쟁이로 취급한 영국인들은 비웃었으나 보어인이 계속 승리하자 인도인을 군대에 합류시키기로 결정했다. 이 일로 인도인의 위신은 올라갔고 자존심과 단결력도 높아졌다. 간디는 이로써 자신이 남아프리카에서 할 일은 끝났다고 생각해 1901년 10월 인도로 돌아갔다.

그러나 인도에서 그는 실망만을 맛보고 결국은 다시 남아프리카로 돌아갔다. 그곳에서도 변한 것은 없었다. 그래서 다시 싸울 수밖에 없었다. 그는 요하네스버그에 변호사 사무실을 열었다. 변호사로서 그는 많은 일을 하고 돈도 많이 벌었다. 그러나 그의 변호사 활동은 인도인 공동체에 봉사하기 위한 것일 뿐이었다. 간디는 이민노동자의 사실상 법률고문이 되어 추방당하는 경우의 소송을 실비로 맡아 70건 중 패소 1건이라는 실적을 올렸다.

간디는 1903년 인도인에 대한 선전과 교육을 목적으로 주간신문인 《인디언 오피니언(Indian Opinion)》을 발행했다. 처음에는 구자라트어, 힌두어, 타밀어, 영어로 발간했으나 후에 타밀어와 힌두어판은 중단되었다. 그 신문은 1914년 간디가 인도로 돌아갈 때까지 속간되었고 간디는 매호마다 시국을 비판하고 인도인의 용기와 끈기, 정직을 요구하는 글을 실었다. 뿐만 아니라 재정도 지원했다.

마지막 사람에게도

1904년, 간디는 기차 속에서 존 러스킨의 『이 마지막 사람에게도』를 읽고 삶 자체가 바뀌는 듯한 충격을 받았다고 말했다. 러스킨의 책은 1860년에 잡지에 연재되고 1862년 단행본으로 나온 것이니 간디로서는 40여 년이 지나 읽은 셈이다. 앞에서 보았듯이 간디가 영국에 유학했을 때 러스킨을 이은 모리스가 활약하고 있었으므로 그 둘을 읽을 수 있었다. 그러나 당시 간디에게는 그런 쪽에 관심이 없었다. 그는 그 책의 교훈을 다음과 같이 요약했다.

1. 개인의 선은 전체의 선에 포함되어 있다.

2. 변호사 일은 이발사 일과 같은 가치를 갖는다. 모든 사람은 그들의 일로 생활비를 벌 같은 권리를 갖기 때문이다.
3. 일하는 삶, 곧 농부와 수공업자의 삶이 보람 있는 삶이다.

1에 대해서는 이미 알고 있었다. 2에 대해서도 어렴풋이 알았다. 3에 대해서는 생각한 적이 없었다. 『이 마지막 사람에게도』는 2, 3이 1에 포함되어 있음을 분명하게 보여 주었다. 나는 새벽에 일어나서 그 원리를 실천할 준비를 했다.

그러나 간디가 말한 2, 3의 내용은 러스킨의 책에 들어 있지 않았다. 「마태복음」 20장에 나오는 '이 마지막 사람에게도'의 비유는 노동자에게 노동할 권리가 있고 노동의 공정한 보수로써 생존할 권리가 있다는 뜻이었다. 그러한 권리의 인정으로부터 러스킨은 직업훈련, 완전고용, 공정한 임금 등에 대한 여러 제안을 했다. 따라서 2, 3의 내용은 당시 간디의 희망을 러스킨의 책을 빌려 강조한 것이라고 봄이 옳다. 즉, 그는 변호사 일에 불만이었고 스스로 이발사나 농부나 수공업자처럼 살고 싶었으며 일종의 농업 사회주의를 추구했던 것이다.

그런 자신의 추구가 옳다고 확인한 순간 간디는 즉각 실천에 옮겼다. 노동공동체를 실현하기 위해 신문사를 농장체제로 바꾸었다. 신문사 사원 모두가 육체노동을 하고 동일한 임금(월 3파운드)

을 받으며 여가 시간에 신문을 낸다는 것이다. 그래서 농토를 구입하고 건물을 지어 모두 이사했다. 이러한 실험은 노동을 혐오하는 인도 전통에서는 충격이었다. 간디는 그 실험을 통해 민중과 자신을 동일화하는 방법을 발견했다. 그에게는 그것이 『바가바드기타』의 가르침인 행동을 통한 구원의 길을 따르는 것이었다.

더반에서 20km 떨어진 이난다에 피닉스 농장의 흔적이 지금도 남아 있다. 간디의 아들도, 자손들도 그곳에 살았다. 농장은 1904년 개설되어 1985년 줄루족에게 습격당하기 전까지 유지되었으나 지금은 줄루족이 불법으로 점거하고 있다. 간디는 러스킨의 이상에 따라 스스로 벽돌을 찍어 몇 년 만에 농장을 세웠고 그곳에서 민주적인 공동생활을 실험했다. 농장에는 신문사, 인쇄소, 학교, 병원까지 있었고, 농장 사람 모두가 참여했다. 간디는 그 뒤에도 여러 공동체를 세웠다.

변화된 삶, 단호한 실천 속으로

리더는 사람들을 바꾸기에 리더다. 그러나 이는 자신을 어떤 존재로 바꾸느냐에 달린 문제다. 간디는 공적 활동을 통해 자신을 바꾸었고 자신의 변화를 통해 다른 사람들을 변화시켰다. 간디는 러스킨의 책을 읽고 즉시 그 책에 따른 실천을 감행해 공동체를 만들었고, 사람들을 공동체에 참여시켜 그들의 삶을 바꾸었다.

우리는 흔히 간디를 종교적이고 도덕적인 인간으로 생각하고 그의 실천 역시 그런 동기에서 나온다고 본다. 그러나 그가 한 모든 일의 동기는 그런 동기에서가 아니라 철저히 세속적이고 공공적이며 실용적인 것에서 나왔다. 그가 추구한 검소하고 자급자족적인 공동체는 그가 어린 시절부터 꿈꾼 이상을 실천한 것이었다. 그는 1897년 더반 시절부터 스스로 머리를 자르고 옷을 빨았으며 음식을 지어 먹었다.

그리고 아이들을 집에서 직접 가르쳤다. 요즘 유행하는 홈스쿨링의 원조였던 셈이다. 그러나 그 이유도 실제적이었다. 당시 남아프리카에는 영어로 가르치는 기독교 학교밖에 없었다. 아니 그는 학교라는 제도를 싫어했고 영어를 아이들에게 가르치고 싶지도 않았다. 장남을 인도에 있는 기숙학교에 보냈지만, 장남이 아버지와의 관계를 부인한다는 말을 듣고 남아프리카로 데려왔다. 또한 서양의학을 거부하고 자연요법으로 병을 고쳤다. 나아가 모든 타산적인 경제 행위나 오락을 멀리했다. 자기 집도 없으면서 저축이나 보험까지 해약했다. 심지어 인도에 있는 형에 대한 경제적 원조도 끊어 형제간의 우의를 끝냈다.

아내에게도 간디는 화장실 청소를 시키고 선물을 돌려주는 등

변화를 초래했다. 더 이상 아이를 갖지 않기 위해 아내와의 성생활도 끝냈다. 그것을 아버지의 죽음과 관련된 죄의식 탓으로 보는 견해도 있지만 도리어 실용적인 이유 때문이었다. 간디는 부자유나 억제 자체를 목적으로 삼지 않았다. 그는 육체에 대한 생각을 즐기는 것보다 육체를 통해 즐기는 편이 좋고, 육체적 쾌락이 부족해서 마음이 쾌락에 대한 생각에만 빠진다면 육체의 갈증을 채워 주는 것이 옳다고 했다.

행동은 구체적 상황에 따라

1905년 간디는 나탈 인도인에 대한 인두세 징수법안에 반대했다. 또한 같은 해 영국이 인도에서 벵골 분할을 시도하자 국민회의는 스와라지(자치 독립), 스와데시(국산품 사용), 민족교육을 주장하며 저항하고 간디도 이를 지지했다.

영화 〈간디〉에 등장하는 남아프리카에서의 진실관철투쟁은 유색인종용 신분증 소각장면에서 말을 더듬는 간디 대신 친구 상인이 성명서를 대신 읽고 시작하는 인상적인 장면으로 묘사된다. 이 부분은 간디가 타고난 리더가 아님을 보여 준다.

이어 남아프리카 진실관철투쟁이 상세하게 영화에 묘사된다. 그러나 이 부분은 『자서전』에 그리 상세하지 않다. 왜냐하면 그것은 『남아프리카의 진실관철투쟁』이라는 간디의 다른 책에서 다뤄졌기 때문이다. 이 책은 아직 우리말로 번역되어 있지 않다.

1906년 나탈에서 줄루족의 폭동이 터졌다. 간디는 그들을 동정했으나 영국이 세계 복지를 위해 존재한다고 믿어 인도인 24명으로 적십자부대를 조직해 6주간 영국을 위해 참전했다. 교조적인 반전주의자가 아니라 구체적인 상황에 따라 행동을 결정한다는 그의 태도는 뒤에 1차 세계대전시의 참전 협력과 2차 세계대전시의 불참전 비협력으로 나타났다.

보어인의 반란기에 그의 사회봉사에 대한 태도는 더욱 강화되어, 그 후 1906년부터는 육체적으로는 물론 정신적인 금욕까지 맹세하게 되었다. 예컨대 채식주의와 단식에 우유까지 먹지 않고 10년간 정제하지 않은 곡물 그대로 소금기 없는 식사를 했으며 차도 마시지 않았다. 이러한 '자기억제=자기정화'는 뒤의 불복종운동의 전제가 되었다.

1906년 간디는 아시아인에 대한 지문등록법안에 반대하는 운동을 시작했다. 당시에 열 손가락의 지문을 전부 찍는 것은 범죄자뿐이었다. 간디가 중요한 인도인을 모아 그 법안의 문제점을 설명하자 모두 격분했다. 특히 여성과 8세 이상의 아이들까지 포함되는 것에 분노했다. 간디는 사람들을 진정시키고 그 법안이 통과되면 같은 조치가 남아프리카 전역에 확대되어 그 결과는 노예로 살거나 추방되는 것이라고 말했다.

우리가 어떻게 하느냐에 따라 인도의 명예가 걸려 있습니다. 이 법안은 우리만이 아니라 우리의 조국인 인도에게도 굴욕을 안겨 주려는 것이기 때문입니다.

이어 간디는 9월에 3000명의 인도인이 참가한 대집회를 열어 그 법안에 복종하지 않고 그로 인한 처벌을 감수한다는 맹세를 하게 했다. 그 운동을 처음에는 '수동적 저항(passive resistance)'이라 불렀다. 그러나 그것은 약자의 무기이자 증오를 포함하고 단순한 반대를 뜻한다는 이유에서 거부되었다. 그래서 운동 중 '진실관철운동'이라는 이름으로 불리게 되었다.

정의의 이름으로
불굴의 시대를 일구다

열정과 긍정의 비폭력 운동

진실관철운동(Satyagraha)에서 사탸는 진리의 뜻으로 신성과 사랑이라는 의미를 함축하고 그라하는 파지(把持)나 견지의 뜻으로 종래 진리파지로 번역되기도 했다. 그러나 파지는 일반적인 우리말이 아니라는 이유와 진리보다는 진실이 적합하다는 이유로 이를 진실관철로 번역했다. 그러나 이는 막연한 정의를 위한 싸움이 아니라 구체적인 권리, 즉 처음에는 인도인들이 평화롭게 살 권리를 위해 싸운 조직적 운동임을 주의해야 한다. 그리고 투쟁 대상인 당면의 특정 악법에 대한 위반에 그치는 것이지 다른 유사 악법에까지 확대되는 것이 아니라 도리어 다른 악법은 준수하는 것이었다. 이는 정직하지 못하고 혼란을 초래한다는 이유에서였다. 교묘한 전략이나 전술, 음모나 장기적 계획을 용납하지 않고 투쟁을 공개적으로 한 이유도 마찬가지였다. 그러나 그 자체가 훌륭한 전략임을 부정할 수는 없다.

진실관철운동은 시민불복종, 수동적 저항, 비폭력적 비협조 등으로도 번역되지만 어느 것이나 적절한 것이 아니다. 왜냐하면 이는 권위와의 정면충돌을 뜻하는 용기 있고 열정적이며 긍정적인 운동으로, 이성을 바탕으로 한 비폭력적 행동이기 때문이다. 소로의 시민불복종 개념과 유사한 면이 있지만 간디가 소로의 책을 읽은 것은 진실관철운동을 개시하고 난 뒤였다.

또한 이는 힌두교의 비폭력을 뜻하는 아힘사가 막연하게 점잖음 내지 온순함을 뜻하고 쉽사리 비겁함으로 전락할 수 있는 것과도 달랐다. 아힘사를 가장 철저히 주장한 자이나교도 이를 목적 달성을 위한 수단으로 삼지 않았다. 힌두교에는 두르나(Dhurna)라고 하는 연좌농성 전통이 있었지만 간디는 그것이 진실관철운동의 선구라고 인정하지 않았다. 그런 점을 제외하면 힌두교에는 정치적 차원에서 마키아벨리즘적인 전제 군주를 인정하는 점에서 도덕성이 결여되어 있어서 간디가 힌두교의 영향을 받았다고 보기는 어렵다. 간디는 『바가바드기타』를 비폭력주의로 보았으나 이 책을 폭력에 대한 긍정으로 보는 견해도 많다.

서양사상에서도 가령 러스킨은 비폭력주의를 주장한 적이 없다. 간디는 톨스토이와 산상수훈의 영향을 받았다고 했으나, 예수의 산상수훈은 적에 대한 사랑을 말할 뿐이고, 톨스토이의 비폭력주의도 군복무 거부를 찬양하는 것에 그쳤으므로 역시 진실관철운동과는 달랐다.

영국에서 배운 법학의 도덕적 법치주의의 영향을 받기도 했으나, 간디의 진실관철운동은 도리어 자연법 개념과 통하는 것이었다. 『유토피아』를 쓴 토머스 모어가 신의 법을 이유로 처형당한 것이 그 보기였다.

진실관철운동은 엄청난 악에 맞서서 시작된다. 악에 맞서 올바르게 행동하기 위해서는 올바른 통찰이 필요하다. 즉, 무엇이 악이고, 그 상황에서 무엇이 저항을 불가피하게 할 정도로 강력하게 악을 구현하는지 정확히 파악해야 한다. 이를 위해서는 분노, 공포, 거짓, 증오, 격정, 편견을 버려 마음의 비폭력을 유지해야 한다. 폭력에 사로잡히면 올바른 통찰력을 잃고 증오에 빠져 결국 잘못을 저지르게 된다. 그런 원칙에 비추어 볼 때 진실관철운동은 극도의 악법에 대한 저항이었다.

간디는 보이콧이나 파업은 비폭력이라고 보았으나 타인을 위해 사용할 기금을 모은다거나 위원회를 통한 막후 공작은 부정했다. 결국 권력에 의한 폭력적 탄압에 대해서는 보복이나 증오 없이 투옥이나 사형을 받아들여야 한다고 주장했다. 나아가 운동의 궁극적 목적은 적의 억압을 오래 견뎌 적의 폭력적 무기를 무력화하고 설득을 통해 적을 자기편으로 이끌어 양쪽 모두 새로운 조화를 초래한다는 것이었다. 그러나 이러한 개심을 통한 승리란 폭력을 사용한 적과 같은 목적인 승리를 추구한 점에서 문제였다. 즉, 간디가 소송을 하며 추구한 합의나 중재와 같은 것이 거부될 수밖에 없는 것이었다. 그러나 간디는 실제로는 합의나 중재를 받아들이기도 했다. 여기서도 리더는 구체적 상황에 맞는 비폭력적 평화를 지향한다는 실용성 측면을 볼 수 있지만 언제나 명확하게 그런 것은 아니었다.

나의 믿음은 사랑의 힘

위에서 말한 진실관철운동 원칙에 비추어 볼 때 1906년 법은 명백히 극악한 악법이었으므로 그것에 대한 저항이 정당화되었으나 결국 그 법은 통과되었다. 간디가 등록소 앞에 사람들에게 등록하지 말도록 설득하는 사람을 배치해 반대 운동을 함으로써 등록자가 적어지자 정부는 불복종 인도인의 체포를 결정했다. 12월 말 간디는 26명의 동지와 함께 체포되었고 체포자가 계속 이어지자 정부는 자발적으로 등록에 따르면 법을 철폐한다는 교섭안을 제시했다.

간디는 이를 받아들여 석방되었고 최초로 자신의 지문을 등록했다. 이유는 '자발적'이라는 것, 즉 강제되지 않은 등록은 상대를 신뢰한다는 것이었다. 그 앞에 그는 지문 날인이 모욕적이라는 이유에서 그것을 거부했다. 그러나 상황이 바뀌었다. 이제 지문 날인은 명예의 훈장이 되었다. 이런 간디의 태도에 반대한 사람들도 있었으나 간디는 그들을 무시했다. 많은 사람들이 간디를 따랐다. 새로운 허가증은 과거보다 개선된 것이었다.

그러나 지문 날인에 반대하는 사람들은 지문 날인을 하러 가는 간디에게 폭행을 가했다. 간디는 자신을 방어하지 않았고 그의 동료들도 폭행을 막기만 했다. 가해자는 체포되었으나 간디는 그를 기소하는 것에 반대했다. 그러나 간디의 아들이 자기가 그 자리에 있었다면 어떻게 해야 했을까를 묻자 간디는 "싸워라"라고 답했다. 뒤에 간디는 "비겁과 폭력 중 하나를 선택해야 한다면 나는 폭력을 권하겠다"고 했다. 그래서 보어전쟁과 1차 세계대전에 참전했다고 했다.

이는 간디의 진실관철운동이 완전한 평화반전주의를 뜻하지 않고 더욱이 무저항을 뜻하지 않았음을 의미한다. 그러나 정부는 철폐는커녕 이후의 인도인 이민자에게도 적용한다는 새로운 법을 1907년에 제정했다. 사람들은 간디를 빈정거렸다. 간디는 등록증 소각집회를 열었다. 2000명의 인도인이 회교사원에 모여 등록증을 불태웠다. 과거의 간디라면 등록증 소각 같은 것은 생각할 수도 없었다. 이 사건은 그것을 보스턴 차 사건에 비교한 《데일리메일》을 비롯해서 영자신문에 의해 전 세계에 보도되었다.

 2차 투쟁은 1차 투쟁과 유사하게 전개되었으나 더 오랫동안 격렬하고 창의적인 방법으로 전개되었다. 정부는 무반응이라는 전략으로 대응했으나 간디의 전술로 인해 무반응은 어리석은 일임이 증명되었다. 그러면서도 간디는 사탸그라하 원칙에서 벗어나지 않았다. 그런 가운데 트란스발에서도 이민제한법이 제정되었다. 간디를 비롯한 인도인들은 그 법을 스스로 위배해 일시에 2500명이 감옥에 수감되었다. 이는 트란스발 인도인 인구 3만 명 중 10%에 가까운 숫자였다. 1908년 12월 간디는 일단 석방되었다가 다음 해 2월에 3개월 형을 받고 투옥되었다. 그때 그는 소로의 『시민불복종론』을 읽었다.

 간디는 이 최초의 감옥생활(1908년)을 주로 러스킨의 『이 마지막 사람에게도』를 구자라트로 번역하는 일로 보냈다. 그 초역은 『사르보다야』(모든 것이 평등하게 융성한다는 뜻)라는 제목으로 해설과 함께 《인디언 오피니언》에 1908년부터 8회에 걸쳐 연재되었다. 그 해설에서 간디는 서양인이 최대다수의 행복을 추구하면서 그것을 위해서라면 소수의 희생은 가능하다고 믿고 있음을 비판했다. 이는 뒤에 『힌두 스와라지』에서도 되풀이되었다. 간디는 이러한 비판을 이미 서양인이 제기했다고 하고서 러스킨을 소개했다. 간디는 사회법칙과 다른 사랑의 힘을 강조했다. 뒤에 노사분쟁을 조정하면서 강조한 사랑이 바로 이 시기의 러스킨으로부터 배운 것이었다. 같은 해 『사르보다야』는 팸플릿으로 출판되었으나 바로 발매금지를 당했다. 그러나 1919년, 비협력운동시 악법 반대를 위해 그 책과 『힌두 스와라지』를 출판했다.

참된 문명을 수립하고자

간디는 1909년, 런던에 청원하기 위해 인도인 민족주의자들과 토론하고 돌아오는 배에서 10일 만에 쓴 글을 《인디언 오피니언》에 발표하고 1910년 책으로 간행했으나 바로 뭄바이 정부의 발금 처분을 받았다. 그 처분을 피하기 위해 영어로 번역한 것이 『인도의 자치(Indian Homerule)』, 1924년의 미국판이 성경의 신상수훈을 빌린 『해상의 수훈』이었다. 급진 폭력파 청년의 물음에 간디가 답하는 문답형으로 쓴 이 책에서 간디는 온건파를 옹호했다. 여러 지역의 다양한 인도인을 결속시킬 수 있기 때문이고, 그렇게 해서 캐나다를 모델로 하는 자치 정부를 만들어야 한다고 주장했다. 반면 청년이 일본과 같이 군대를 가지고 독립해야 한다고 주장하자, 간디는 영국을 제외한 영국식 통치의 실현은 무의미하다고 반박했다. 영국에서는 국회의원이 위선에 가득 차 자기 이익만 생각하고 수상은 의회를 당리당략으로 운영해 자신의 권력 유지에만 관심이 있다는 것은 누구라도 안다고 주장했다.

그렇다면 인민은 어떠냐고 청년이 묻자 간디는 신문에만 의존하는 인민도 비판했다. 그리고 문제는 영국이 나쁜 탓이 아니라 현대 문명 자체에 있다고 비판했다. 그리고 현대문명은 육체적 행복을 인생의 목적으로 삼는다고 비판했다. 즉, 물질에만 탐닉하는 현대문명은 질병에 불과하고 인도에 도움이 된다고 하는 철도나 의술 및 법은 도리어 인도를 가난하게 한다는 것이었다.

간디에 따르면 과거에는 약간의 잉여분만 생산해 다음 수확까지의 식량을 비축할 수 있었으나, 지금은 교통수단이 발달해 농민은 식량을 모두 팔아버리기에 기근은 악순환되고, 교통에 의해 질병이 세계적으로 확산된다는 것이었다. 서양 의술도 육체적 고통을 일시적으로 잊게 하나, 그로 인해 인간은 육체에 대한 정신의 지배력을 상실한다고 보았다.

또한 법이라면 그 내용에 관계없이 무조건 복종하는 것이 근대적인 사고이나, 악법은 무시해야 한다고 간디는 주장했다. 즉, 인간은 신과 양심에만 구속되는 것이지 법에 구속받지 않고, 법은 모든 행동을 규제하는 것이 아니라 그것을 위반하면 처벌하는 것에 불과하다고 보았다. 악법에 대한 불복종을 주장한 그에게 변호사란 분쟁 해결이 아니라 분쟁을 더욱 복잡하게 만드는 자에 불과하고, 법원이란 식민 통치 수단이었다.

이처럼 인도는 영국 자체가 아니라 영국이라는 하나의 서양문명에 지배되고 있고, 그것에 인도인이 협력했다고 간디는 주장했다. 따라서 독립을 위해서는 비협력운동이 필요하고, 참된 문명을 수립하기 위해 욕망의 자제가 필요하다는 것이었다. 스와라지란 '스와=자신', '라지=통치'라고 하는 의미에서 자치나 독립을 뜻함과 동시에 자기통치, 자립을 뜻했다. 그러나 인도의 자치는 다음 단계의 과제였지 남아프리카에서의 간디와는 무관했다.

간디가 『인도의 자치』에서 현대 서양문명을 비판한 것이 억압받는 민중의 반제국주의와는 무관하다고 보는 비판이 있다. 이는 간디가 네 차례나 영국을 위한 전쟁에 참전한 반면 안중근처럼 제국의 요원을 암살한 사람들이 있었다는 것을 근거로 한다. 그러나 그러한 암살 행위가 서양문명에 대한 비판과 전혀 무관하다고 보기는 어렵다. 간디의 서양문화 비판도 반제국주의적인 것이기 때문이다.

안중근이 이토 히로부미를 암살한 1909년 10월의 3개월 전, 인도의 마단랄 딩그라(Madanlal Dhimgra)가 인도 총독부 요원을 암살해 처형되었다. 이에 대해 영국에서조차 윈스턴 처칠을 비롯한 많은 사람들이 딩그라의 순교를 찬양했으나 간디는 『인도의 자치』에서 "딩그라는 애국자였지만 그의 애국은 눈 먼 것"이고 "그릇된 방식으로 몸을 바쳐" "궁극적인 결과는 해로울 뿐"이라고 그를 비판했다.

간디가 참전한 것은 그것이 제국의 인민으로서의 의무이고 또한 인도인에게 용기를 불러일으킨다는 이유에서였다. 이는 충분히 비판될 여지가 있으나 간디가 암살을 비판한 것은 자신의 비폭력주의에서 나온 것이므로 반드시 제국주의적인 것이라고 볼 수는 없다.

즐거운 공동체, 톨스토이 농장

진실관철운동은 정부와 밀고 당기는 가운데 소강상태에 접어들었고 간디 측 사람들은 기력을 잃었다. 특히 감옥에 간 사람들의 가족들 생활이 문제였다. 간디의 피닉스 농장은 그들을 데려오기에 너무 멀었다. 그래서 요하네스버그 부근의 친구가 빌려 준 농장에 톨스토이 농장을 세웠다. 간디는 법률사무소 일을 친구에게 넘기고 대부분의 시간을 농장에서 보냈다. 종래의 채식과 식이요법을 더욱 강화해 우유도 먹지 않고 거의 과일만 먹고 살았으며 하루 60Km 이상을 걸었다.

그곳에는 피닉스와 달리 어린이들이 많아 간디는 아이들을 가르치게 되었다. 이는 리더란 무슨 문제라도 필요하다면 관여한다는 적극성, 특히 언제 어디서나 교육을 중시했음을 보여 준다. 그는 지식교육보다 인성교육과 노동교육을 중시하고 교재는 거의 사용하지 않았다.

> 확실한 문명의 시금석이란, 문명되어야 한다고 주장하는 사람은 지식의 열망자여야 하고, 육체노동의 존엄성을 이해하며, 그의 일은 그가 속해 있는 지역 사회의 이익을 증진하는 그런 것이어야 한다.(《인디언 오피니언》 1905. 3. 18)

> 보통 지식인의 수준보다도 더 많은 재능을 가지고 태어난 사람들이 의식적으로 다수를 본받아야 하고 동료 노동자들을 정신적으로 함양하기 위해 그들의 지식을 사용하도록 하라. 그렇다면 이제 더 이상 지식인들이 거만스레 나무꾼이나 물 긷는 사람들이라고 해서 무시할 수 없게 될 것이다. 세상은 그렇게 바뀌었다.(《인디언 오피니언》 1910. 1. 13)

간디는 아이들을 남녀공학으로 가르쳤고 여러 남녀가 함께 일하고 목욕하며 잠자게 했다. 남자아이들이 여자아이들에게 치근

대자 간디는 남자아이들의 접근을 막기 위해 여자아이들을 설득해 머리카락을 짧게 자르도록 했다. 그 뒤 간디는 톨스토이 농장 시절이 자신의 생애에서 가장 즐거운 때였다고 회고했다.

1913년 대법원이 힌두교도와 이슬람교도 및 파르시교도들의 혼인은 무효라는 판결을 내리자 진실관철운동이 여성을 중심으로 해 새롭게 부활했다. 간디는 다시 감옥에 갔지만 투쟁은 계속되었고 마침내 타협이 성립되었다. 간디는 이를 백인들을 개심시켜 자신이 승리한 것이라고 생각하고 인도로 돌아갔으나 실질적으로 변한 것은 아무것도 없었다. 게다가 남아프리카에서 간디의 투쟁은 소수파인 인도인 중심 운동이었고 흑인이나 중국인 등과 연대한 것이 아니었다. 그는 백인들의 인종주의적 지배권 자체에 도전하지도 않았다.

리더는 시대가 만드는 것

영화 〈간디〉는 러닝타임이 세 시간이 넘는데, 1915년 이전을 다루는 부분은 약 30분 정도에 불과하다. 이어 '봄베이, 1915년'이라는 자막과 함께 46세의 간디가 22년의 남아프리카 생활을 청산하고 돌아오는 장면부터 30만 명 이상이 동원된 장례식 장면까지 영화의 본편이 이어진다. 그러나 간디의 리더 철학은 이미 1915년 이전에 남아프리카에서 그 기본이 형성되었고 그 뒤 인도에서의 민족해방투쟁 리더십은 그 발전이었다. 차이가 있다면 남아프리카보다 복잡한 인도 정치 상황에서 간디가 그의 리더 철학을 일관되게 밀고 나갔다는 점이었다.

영화에 묘사된 간디는 거대한 기선에서 내리는 장면에서 남아프리카에서 쿨리라고 조롱받는 조악한 흰옷에 값싼 터번을 한 복장이었다. 그전 영국이나 남아프리카에서의 처음 모습과 사뭇 다르다. 이 장면은 간디가 남아프리카 투쟁을 겪어 노동자 농민들과 하나가 되었음을 여실히 보여 준다. 봄베이(지금의 뭄바이) 환영자 중에는 아직 케임브리지 대학생이었던 네루를 비롯해 많은 사람들이 있지만, 도시의 빈곤을 목격한 간디는 1년간 침묵하면서 인도를 돌아보겠다고 말한다.

그리고 간디의 발길에 따라 인도의 정경이 라비 샹카르의 유명한 시타르 음악을 배경으로 해 경쾌하게 펼쳐진다. 그 경쾌함은 세 시간이라는 긴 영화의 무게를 훨씬 가볍게 덜어 주지만 곧 어두운 인도 현실로 바뀐다.

1915년 간디가 인도에 돌아온 것은 인도의 새로운 정치를 예고한 것이었다. 19세기 후반 인도의 르네상스 이후 국민회의를 비롯한 많은 단체가 형성되었다. 국민회의는 1885년 12월 8일 뭄바이에서 영국인 퇴직공무원이 창립했고 1910년까지 영국인이 다섯 차례나 의장을 맡았으니 친영적인 단체로 출발했다. 최초의 대의원 73명은 높은 카스트의 힌두교도와 파르시교도인 변호사, 기자, 교사, 사업가, 지주, 상인 등으로 자천에 의해 구성되었고, 그 후부터는 선출된 대의원으로 구성되었다. 그러나 영국에 충성하는 엘리트라는 점은 마찬가지였다. 차차 그들은 영국에 대해 인도의 개혁을 요구했지만 영국이나 총독부는 이를 무시했다.

인도에서 영국인이 처음으로 위협을 느낀 것은 1905년 벵골을 이슬람교도 지역과 힌두교도 지역으로 분할했을 때였다. 인도인은 이를 단순한 지역 분할이 아니라 두 교도의 분할로 생각해 그 반대 운동이 전국으로 파급되었다. 동시에 국산품 구매 운동과 정부 배척 운동도 뒤따랐다. 게다가 총독부의 경제 정책이 실패하면서 인민의 불만이 높아지고 폭력적 운동이 늘어났다. 그리고 국민회의에도 과격파가 등장해 1906년 캘커타(지금의 콜카타) 대회부터는 그 대립이 심각하게 나타나 그 후 9년간 분열을 면치 못했다.

총독부는 과격파를 탄압하면서 온건파를 자기편으로 만들고자 노력했다. 1911년 벵골 분할안이 중지되었어도 폭력 활동은 중지되지 않았다. 그런 가운데 1906년 이슬람동맹이 결성되었고 1915년에는 이슬람동맹과 국민회의가 동시에 연례총회를 열었다. 간디를 비롯한 여러 힌두교 지도자들이 이슬람동맹 회의에 참석했다. 이 시기에 원로 정치인들이 대부분 은퇴해 새로운 지도자가 요구되었다. 간디는 바로 그 시점에 인도로 돌아와 인도의 새로운 민족 해방 리더가 된 것이다.

침묵 그리고 격정의 나날

국민회의는 총독부에 약간의 영향을 끼쳤지만 인도인을 공무원으로 채용하는 시기를 앞당기지는 못했다. 따라서 여전히 관료는 영국인 일색이었다. 국민회의는 막 부상한 중산계층을 지지했다. 중산계층은 J. S. 밀을 따르는 자유주의자들이고 카스트를 혐오했다. 하지만 민족주의적이지 못하고 종교적인 대중, 특히 노동자 농민을 불신하고 그들에게 무관심했다. 중산계층은 1883년에 선출직으로 구성된 시의회를 통해 정치에 참여하면서 인도의 영국 지배자들에 맞서 본국의 영국인들에게 호소했다. 물론 자국인들은 인도에 무관심했다. 영국 하원에서 인도 문제가 토론될 때면 자리는 텅텅 비었다.

1894년 이래 부상한 민족주의자들은 영국인을 몰아내고 힌두 민족국가를 세우고자 했다. 그 대표인 틸락은 민족주의 기반을 세웠고 간디가 이를 발전시켰다. 그러나 당대에 그들보다 더 유명했던 사람은 신비주의자인 라마크리슈나였다. 그는 자본주의를 진보로 보는 당시 추세를 거부한 점에서 간디의 스승이었다. 그의 제자인 비베카난다는 정신적 사회주의자로 "나는 과부의 눈물을 씻어 주거나 고아의 입에 빵 한 조각을 넣어 주지 못하는 종교는 믿을 수 없다"고 하며 힌두교 최초의 사회봉사 단체인 라마크리슈나 교단을 세웠다. 미국의 프래그머티즘 사상가 윌리엄 제임스는 그를 찬양했다. 간디는 1902년에 죽은 그를 만나지 못했으나 많은 영향을 받았다.

부활한 힌두교를 정치로 이끈 사람이 틸락이었다. 그는 라마크리슈나와 마찬가지로 칼리를 숭배하며 그 무자비한 측면을 강조해 테러리즘을 조장했다. 인도 최초로 노동자 농민을 조직화한 그는 반영주의자이자 반이슬람주의자였다. 저명한 산스크리트 학자인 그는 간디와 마찬가지로 『바가바드기타』를 주해했지만 간디와 반대로 그 폭력적인 면을 강조했다.

이러한 상황에서 귀국한 간디는 1년간 침묵했다. 대신 인도 전국을 기차로 돌면서 타고르를 비롯한 많은 사람들을 만났다. 당시 인도의 철도망은 독립국인 중국보다도 총연장이 훨씬 길었고 이를 통해 인도는 하나로 통합되고 있었다. 과거에 비해 능동적인 대중이 등장했고 카스트와 언어의 장벽도 조금씩 무너지고 있었다. 1차 세계대전의 파괴적 영향도 거의 받지 않고 도리어 상당 정도로 근대화가 이룩되어 있었다. 1914년 인도에는 100만 명의 공장 노동자가 있었다. 공장주는 대부분 영국인이고 노동조건은 열악

했으나 도시는 성장했다. 최소한의 현대적 의료도 전염병의 피해를 줄였고 극단의 기아도 사라졌다. 제국의 지배를 위한 것이기는 했어도 중앙집권제와 관료제가 어느 정도 갖추어졌다. 영국식의 통일법과 통일 교육도 갖추어졌다.

1915년 3월 간디는 인도 여행을 중단하고 남아프리카에서 온 25명과 함께 구자라트의 수도 아메다바드에 아슈람을 열었다. 그곳이 그의 출신지이기도 했지만 무엇보다도 전통적인 수직물 가내공업의 중심지였기 때문이기도 했다. 그곳은 콜카타, 뭄바이, 마드라스와 같은 식민지하에 발전된 개항도시도 아니고, 델리와 같은 무갈제국 이래의 정치도시도 아니었다. 그러나 다섯 번째 대도시인 그곳은 인도 자본주의의 발상지였다.

간디는 아슈람에 가족을 데려가기 전에 타고르의 샨티니케탄의 임간학교에 일시 체류했다. 그곳에서도 간디는 요리사를 그만두게 하고, 학생들에게 소금기 없는 요리를 만들도록 했다. 또한 화장실 청소를 하도록 가르쳤다. 타고르는 그것을 미소로 지켜봤지만 간디가 떠나고 난 뒤에는 본래대로 되돌렸다.

타고르는 동서양 문화의 제휴를 주장하고 서양으로부터 많은 것을 배워야 한다고 생각했다. 이에 대해 간디는 굶주림을 노래로 해결할 수는 없고 시인도 물레를 돌리고 외국 옷감을 불살라야 한다고 응수했다. 이러한 내용의 간디와 타고르의 논쟁은 특히 그

5년 뒤인 1920년부터 격렬해졌다. 또한 갓 결혼한 젊은 네루도 만났다.

아슈람의 목적은 남아프리카의 교훈을 전파하고 이를 인도에 적용하는 방법을 찾는 것이어서 간디는 그곳을 진실관철운동 아슈람으로 불렀다. 간디는 영국의 공장 제품으로 황폐화된 촌락 산업의 부흥, 특히 손으로 실을 잣고 천을 짜는 것이 경제적 억압에 대한 비폭력적 도전이라는 새로운 목표를 세웠다. 그러나 역설적이게도 그 자금의 대부분은 자본가에게서 나왔다. 그래서 공산주의자들은 뒤에 간디의 투쟁이 종교적 인물을 이용해 민족운동을 함몰시키려고 한 재벌들의 기만적인 음모의 산물이라고 비난했다.

'최선'을 위해 참전하다

간디가 남아프리카 피닉스에서 정착촌을 만든 1904년에 러일전쟁이 터졌다. 간디는 일본인이 "단합, 자기희생, 목적의 불변성, 성격의 숭고함, 강철 같은 용기와 적에 대한 관대성을 보였다(《인디언 오피니언》 1905. 1. 7)"고 찬양하고 "백인의 억압과 압제의 방법은 이제 구시대의 것이 되었다(《인디언 오피니언》 1905. 3. 25)"고 하면서도 폭력은 폭력을 낳는다는 이유에서 다음과 같이 경고했다.

> 서양에 대한 동양의 영향은 경제와 윤리적 원인에 기인하게 될 것으로 우리는 믿는다. 검으로 살아가는 사람은 틀림없이 검에 의해 망한다. 만일 아시아 민족들이 검을 들고 일어서면 그다음 차례로 그들은 더 강한 적수에게 굴복하게 될 것이다.(《인디언 오피니언》 1905. 3. 25)

그러나 당시 간디와 네루를 비롯한 대부분의 인도인은 아시아의 부흥에 큰 기대를 걸었고 이는 힌두 민족주의를 부추겼다. 그러자 총독부는 종래의 친힌두 노선을 친이슬람 노선으로 바꾸어 분열을 획책했다. 그것이 앞에서 살펴본 벵골 분할안이었다. 틸락은 물론 국민회의도 이에 반발했다. 대학생들은 영국산 옷을 불태웠다. 영국을 찬양했던 타고르도 일어섰다. 물론 간디도 반대했다.

간디가 귀국하기 1년 전에 1차 세계대전이 터졌다. 2차 세계대전의 경우와 달리 1차 세계대전 때 인도는 영국에 협력했다. 영국에의 협력이 인도에 이익이 된다는 판단에서였다. 1906년 창립된 전인도 무슬림연맹도 같은 입장이었고, 갓 귀국한 간디도 마찬가지였다. 그런 간디에 대해 비폭력주의에 어긋난다는 비판이 있었지만 간디는 주어진 상황을 피할 수 없고 그 상황에서 최선을 다해야 한다고 반박했다. 그리고 다시 의무수송대를 조직했다. 그러나 그의 참전 주장은 두고두고 말을 들었다.

1차 세계대전에 동원된 인도인은 전투원 82만 7000명, 비전투원 44만 6000명으로 대영제국 내에서 두 번째였다. 그중 약 3만 명이 사망했다. 2차 세계대전시 개전 초에는 병사수가 18만 9000명에 불과했으나 나중에는 250만 명에 이르는 국민이 동원되었고, 그중 2만 4000명이 사망했다. 그러나 대다수의 인도인은 참전을 거부했다. 대량학살에 충격을 받은 타고르는 전쟁과 서양에 반대하는 입장으로 돌아섰다. 이러한 상황에서 간디가 활동할 여지는 없었다. 간디가 『인도의 자치』에서 과격파와 함께 온건파에 대해서도 회의적인 입장에서 소박한 삶을 주장한 것도 당시 대다수 정치인들에게는 황당한 것이었다.

1917년 영국은 전쟁이 끝나면 인도에 자치제를 기초로 한 책임정부를 도입한다고 발표해 인도인들이 열광했다. 그러나 인도인들은 전후 자치는커녕 영장 없는 체포와 재판 없는 투옥을 허용한 롤라트법(Rowlatt Act)을 경험했기에 2차 세계대전시에는 아무 기대도 하지 않았다.

드디어 민중의 리더가 되다

간디는 남아프리카에서의 활약으로 인도에서 이미 유명했다. 그는 사람들 앞에서 연설했다. 그러나 사람들이 기대한 영웅적 전사와는 너무나 다른 왜소하고 초라한 촌

로였다. 게다가 그의 작은 목소리는 잘 들리지도 않았고 별 내용도 없는 연설에 사람들은 실망했다.

영화 〈간디〉에서는 간디의 연설 장면을 보여 준다. 간디에 앞서 이슬람교도 지도자인 진나가 독립을 절규해 우레와 같은 박수를 받는다. 이어 간디의 연설이 시작되지만 가려는 청중이 많아지면서 어수선하다. 그럼에도 간디는 천천히 말을 이어가고 드디어 "인도에는 70만 개의 마을이 있습니다. 델리와 뭄바이의 소수자 인도가 아닙니다. 매일 뜨거운 태양 아래에서 일하는 인민과 함께 일어나야만 인도를 대표할 수 있고, 영국에 도전할 수 있습니다. 하나의 국가로서"라고 하자 조금씩 반응이 일어난다. 사실 이런 이야기는 당시 국민회의 지도자 중 유일하게 제3계급 출신인 간디만이 할 수 있었다. 여하튼 간디의 정치적 데뷔 연설은 절반의 성공으로 끝났다.

영화에서 보여 주는 연설은 1차 세계대전이 끝난 뒤에 한 것이지만, 그전에 간디가 인도에 막 돌아와 한 연설 가운데 가장 중요한 것은 1916년 2월 베나레스 대학 개교식에서 한 연설이었다. 그는 인도의 대학에서 '외국어'인 영어로 연설해야 하는 현실을 개탄한 뒤 사원에 가득 찬 오물과 사람들의 불결한 습관, 열악한 열차 환경 등을 비판했다. 그리고 그 자리의 귀족들에게 "당신들이 달고 있는 보석을 떼서 동포들이 쓰라고 맡기지 않는 한 인도에 구원은 없고 왕족의 궁전을 세우는 돈이 농민들에게서 나온 것으로 농민들이 애써 생산해낸 모든 것을 빼앗는 한 인도에는 자치의 정신이 없다"고 비난했다. "우리의 구원은 농민을 통해서만 올 수 있습니다. 변호사도 의사도 부유한 지주도 구원을 보장해 주지 못합니다." 그리고 간디는 자신이 아나키스트라고 주장하고 자치를 획득하기 위해 도덕적 쇄신과 사랑을 요구하며 "자유는 거저 얻을 수 있는 것이 아니다. 인도인 자신의 손으로 자유를 움켜쥐어야 한다"고 역설했다. 또 하나의 중요한 연설은 1916년 말 대학의 경제학회에서 재벌은 반도덕적이므로 산업화를 통한 진보란 신기루일 뿐이라고 역설한 것이었다.

이제 간디는 인도 민중의 리더로 민중운동을 본격적으로 지도하게 된다. 영화에서는 그 최초의 민중운동인 참파란 농민운동이 1차 세계대전 이후의 것으로 묘사되지만 실제로는 그전인 1917년부터 시작되었다.

인도에서는 간디 이전에도 민중운동이 있었다. 특히 1905년에는 국민회의 결성 이후 최초의 민중운동이 벵갈과 마하라슈트라를 중심으로 벌어졌다. 앞서 보았듯이 그 운동은 총독부가 벵갈주를 힌두교도 지역과 이슬람교도 지역으로 분할해 힌두교도 기반을 약화시키고자 하는 것에 반대한 것으로서 그 뒤 국산품 애용운동이 처음으로 등장했다. 노벨문학상을 받은 시인 타고르도

자국 산업의 조직화, 건설적인 촌락활동, 초등학교 창립 등을 주장하는 민중운동을 적극 주도했다. 1904년부터 1년간 계속된 러일전쟁에서 일본이 러시아에 이긴 것이 하나의 계기였다.

국민회의를 중심으로 하는 정치 세력은 1907년부터 급진파(티크라파)와 온건파(고칼레파)로 분열되었다. 인도에는 그밖에도 지역적 대립과 카스트 및 사회집단 간의 대립이 존재했으나 국민회의 운동의 말기에 나타난 급진파는 온건파를 영국의 협력자로 몰아 혁명적 테러리즘을 부상시켰다. 이러한 대립 상황에서 간디가 비폭력주의를 주장해 그 대립을 통일시키고자 했다.

간디는 비협력운동을 인도 전역에 걸쳐 전개하기 이전에 몇 가지 소규모 운동을 시작했다. 비하르 참파란의 농민운동, 아메다바드의 노동자 파업, 그리고 구자라트 농촌 운동이 그것이었다. 참파란 농민운동을 시작하기 전까지 간디는 인도와 영국이 서로 계몽적인 노력을 하면 영국의 식민통치가 자치로 바뀔 수 있다고 믿었다. 그전까지 그는 혁명적 입장에 선 적도 없었고, 진실관철운동을 혁명적 전략으로 사용한 적도 없었다. 남아프리카에서의 진실관철운동은 특정 법률에 대항하기 위한 소수파의 무기였다. 따라서 그 경험만으로는 민족해방과 같은 거대한 운동에 진실관철운동을 적용할 수 있는지를 몰랐다.

참파란 농민운동의 성공

참파란 농민운동은 인디고 농원의 외국인 소유자에 대한 투쟁이었다. 당시 농민은 농지의 20분의 3을 인디고 재배에 충당해야 했다. 운동은 간디가 1916년 말의 국민회의 라크나우 대회에서 그곳 출신 농민 라지쿠마르 슈클라와 만나면서 시작되었다. 그러나 무엇이 문제인지를 정확하게 몰랐다.

슈클라의 부탁을 받아 간디는 먼저 농민의 상황을 조사하고자 농원에 갔다. 비하르의 변호사로서 인도의 초대 대통령이 된 프라사드(Rajendra Prasad, 1884~1963)의 지원을 받아 조사를 계속하면서 간디는 농민들이 우선 공포에서 벗어나야 한다고 역설했다. 그러나 법원으로부터 출두 명령이 떨어졌다. 간디는 치안 방해를 이유로 주에서 퇴거 명령을 당했으나 이를 거부했다. 결국 소요를 두려워 한 영국 측은 보석금도 없이 그를 석방했다. 간디는 재판에서 유죄를 인정하고 자신은 양심의 법에 따른 것으로, 재판을 받아야 하는 것은 정부라고 말했다.

영화 〈간디〉는 비참한 참파란 농촌에서 슈클라와 만나고 그곳을 둘러보던 간디가 체포되자 조용히 경찰을 따라가는 장면이 나온다. 그리고 유치장을 찾아온 앤드류스 목사에게 "당신은 전략을 알고 있습니다. 세계는 여기서 일어나는 일을 경멸할 사람들로 가득 차 있습니다. 우리는 그들의 용기를 필요로 합니다"라고 말하는 장면을 보여 준다. 그 뒤 목사는 공청회에 신문기자를 보낸다. 그리고 영국인 지주가 부총독 집에 불려가 질책을 받는다. "당신들이 반라의 간디를 국제적인 영웅으로 만들었다"는 것이다. 신문에는 "정직과 대나무 지팡이밖에 짚지 않은 남자가 대영제국에 싸움을 걸고 있다"는 기사가 났다.

정부는 일이 커지는 것을 두려워해 소송을 취하했다. 그리고 스스로 조사위원회를 설치하고, 위원회는 인디고 재배의 의무를 철폐하도록 권유해 정부는 새 농업법에 따라 그것을 폐기했다. 투쟁은 농민의 승리로 끝났다.

간디는 참파란 농민운동으로 인도의 최초 민중운동에 성공했다. 이는 중요한 의미를 가진다. 첫째, 당시까지 국민회의의 엘리트 지도자들은 도시에 기반을 두었지, 농민이나 민중 속에 들어가 그들의 투쟁을 지도한 적이 없었다고 하는 터부를 간디가 깨뜨렸다는 점이다.

둘째, 언어가 다른 주를 지도했다는 점이다. 지금도 인도에서는 언어의 벽을 넘는 전국적인 지도자가 되기 어려운데 당시의 간디는 이미 그런 벽을 넘어 인도 국민 통합의 첫발을 내딛게 되었다.

셋째, 아프리카에서와 같이 이념적이고 전면적인 승리가 아니라 타협을 통한 실제적이고 부분적인 승리였다고 하는 점이다. 이러한 현실 노선은 그 후 간디가 민중의 지지를 받는 데 결정적인 역할을 했다. 그는 정부 관계자 등의 요구를 조정하고자 했다.

넷째, 간디는 많은 동료를 생활 혁명에 동참시켰다. 화려하게 살았던 변호사들에게 채식을 요구했고, 시골에서 아이들을 가르치고 청소를 하게 하고, 의사들을 불러 시골에서 무료로 진료하게 했다.

다섯째, 간디는 조직을 중요시하지 않았다. 그는 국민회의 이름조차 내걸지 않았다. 당시는 러시아의 공산주의 혁명의 영향이 강력했던 시대였다. 그러나 간디는 인도인의 자립을 위한 운동에 매진했다. 즉, 이제 막 싹트기 시작한 농민들의 저항 의지를 지속적인 용기와 책임으로 발전시키기 위한 것이었다. 이는 참파란을 피닉스와 톨스토이 농장처럼 바꾸는 일이었다.

이를 위해 간디는 6개 촌락에 초등학교를 하나씩 개설했다. 간디는 마을사람들이 교사들의 숙식을 책임지게 해서 초등학교 설립을 공동체 활동으로 만들었다. 간디 스스로 교사 모집에 나서고 아내를 포함한 아슈람 식구들도 불러왔다. 그들은 구자라트 말밖에 못했고 정규교육을 받지 못해 읽고 쓰는 것에 서툴렀지만 간디는 아이들에게 필요한 것은 문법보다 청결과 예절 교육임을 역설했다. 간디의 교육 방침은 성공했다.

간디는 농촌을 살펴보면서 무지와 불결, 자원 부족, 저임금 노동, 나태, 끝없는 불행 등을 절실하게 깨달았다. 다른 사람이라면 아무리 농촌에 애정이 있어도 좌절한 정도였으나 간디는 그렇지 않았다. 그의 진실관철운동은 촌락 복지로 확대되었고 나아가 애국 철학과 건설적 계획으로 발전했다.

희망의 좌절, '히말라야 오산'

앞에서 보았듯이 간디는 아메다바드 노동자의 임금 인상 파업도 지도했다. 그러나 그 적은 이전부터 간디를 지원한 방직공장의 주인 안바라르였다. 간디는 처음부터 노사를 조정하고자 했으나 사용자 측이 거부하자 2주간의 파업을 결행했다. 파업이 장기화되어 노동자들이 흔들리자 간디는 파업의 속행을 요구하며 단식에 들어갔다. 그러자 사용자들은 3일 뒤에 조정에 합의했다. 21일에 걸친 파업은 끝났다.

간디는 노동자들에게는 경쟁보다 협력을 요구하며 폭력을 금지시켰고, 사용자에게는 재산은 신이나 노동자로부터의 수탁에 불과하다는 논리에서 조정을 도모했다. 당시 성장을 시작한 사용자들에게는 노동운동과 대결하기보다는 간디를 통해 관리하는 쪽이 필요했다.

이어 구자라트에서 벌어진 케다 농촌운동은 흉년을 당한 농민들이 4분의 1 이하의 수확 시에는 1년간 토지세를 유예한다는 토지세 징수법상의 권리 행사를 정부가 부인한 것에서 비롯되었다. 간디는 농작물의 압류는 국가의 권리를 넘어서는 약탈 행위이므로 그런 악법은 지키지 않아도 된다고 보고 압류된 밭에서 양파를 뽑아버렸다. 그리고 불복종 서명 작업에 들어갔다. 정부는 빈민에 대해 토지세 면제를 인정하게 되어 약간 애매한 결과이기는 했으나 이 운동은 간디의 승리로 끝났다.

이 운동은 앞의 비하르처럼 벽지의 운동이 아니라 간디의 출신지인 구자라트에서 많은 사람의 관심을 받아 행해져 간디는 유명해졌다. 특히 간디는 그 후 인도의 부수상이 된 변호사 파텔(Sardar Vallabhai Jhavervhai Patel, 1875~1950)과 같은 훌륭한 동지를 만나게 되었다. 그는 간디의 왼팔처럼 활약했다. 파텔을 포함한 많은 기성 정치인과 지식인이 민중 속에 들어왔다.

그런데 그 후 간디는 다시 참전을 위한 신병모집을 지지해 제국주의적이라는 비판을 받았다. 간디가 그렇게 한 이유는 앞에서의 참전과 마찬가지였다. 인도인들에게 용기를 불러일으키기 위한 것. 그리고 영국이 전쟁에서 지면 영국과 연대하고자 하는 인도인들의 희망이 깨지는 반면 영국이 인도의 협조에 대해 고마워하면 인도에 자치령의 지위를 부여하리라는 기대 때문이었다. 그러나 간디의 희망이 이루어지기는커녕 영국은 새로운 공격을 가했다.

간디는 남아프리카에서 보어전쟁과 줄루전쟁을 통해 영국을 도왔듯이 인도에 돌아와서도 1차 세계대전을 통해 영국을 도왔다. 그렇게 영국에 봉사하면 영국이 대등한 지위를 부여해 인도인의 권리가 인정될 것이라고 기대한 탓이었다. 그야말로 떡 줄 놈은 생각도 않는데 김칫국부터 마신 꼴이었다. 간디도 처음에는 이렇게 순진했다. 자본주의와 제국주의의 속성을 너무나도 몰랐다.

1차 세계대전이 끝날 무렵 영국은 전쟁이 끝나면 몬 파드 개혁이라는 헌정 개혁과 함께 정부 전복 행위를 규제하기 위한 롤라트법을 제정하고자 했다. 치안방해만으로도 영장 없이 체포할 수 있게 한 것이다. 전자가 당근이라면 후자는 채찍에 해당되는 것이다. 이를 계기로 비협력운동이 본격적으로 시작되었다.

많은 사람이 롤라트법에 대해 우려했다. 뒤에 간디의 정적으로 파키스탄을 세운 진나(Muhammad Ali Jinnah, 1876~1948)도 그랬다. 또한 독립 후 인도인으로서 최초로 인도 총독을 지낸 남인도 정치가 라자고파라차리(Chakravarti Rajagoparachariar, 1876~1972)는 간디를 남인도로 초청했다. 초대에 응해 마드라스로 갈 때까지 간디는 이 운동이 어떻게 전개될지 몰랐다. 그러다 어느 날 간디의 꿈에 전국 일제휴업이라는 생각이 떠올랐다. 진실 관철운동은 자기정화라는 성스러운 투쟁이므로 하루 휴무로 해 단식과 기도를 함이 당연하다는 생각이었다. 휴업 결행과 동시에 간디는 그동안 발행이 금지되었던 『힌두 스와라지』와 『사르보다야』를 불복종 차원에서 발간했다.

간디는 먼저 스무 명 정도의 모임을 가졌다. 파텔, 여성시인 사로지니 나이두, 아나스야 벤, 뭄바이 방직공장의 주인인 우마르 소베니, 샹카르라르 벤카, 영국인 호니만 등이 출석했다. 그들은 비협력운동의 맹세에 서명하고 간디는 비협력운동협회 회장에 취임했다.

간디는 전국에서 일제히 기도하고 단식하는 전통적인 하르탈(hartal, 파업)로 대응했다. 간디가 말하는 적극적이고 도발적인 저항이었다. 그래서 전국 3억 5000만 명이 기도하는 것으로 국가는 정지된다. 이는 인도 역사상 최초로 인민이 정치 무대에 등장한 것이다.

4월 6일의 일제 휴업은 정연히 끝나고 간디는 마치 예상했다는 듯이 담담하게 감옥에 들어갔다. 면회 온 네루는 인민이 폭동을 일으키고 있다고 말했다. 그러자 간디는 "틀렸다. 준비부족이다"라고 말했다. 간디는 이를 '히말라야의 오산'이라고 불렀다. 진실관철운동이 무엇인지도 모르는 상황에서 그것을 시작했다는 이유에서다.

간디는 진실관철운동이 혼란스럽고 무질서한 싸움이 되면 아무 효과가 없다고 보았다. 따라서 그것을 실천하는 시민은 책임 있는 시민이어야 한다고 생각했다. 무엇이 문제이고 자신이 무엇을 하는지 정확하게 알아야 하고 특정 법률에 따르지 않을 권리를 주장하기 전에 법 일반을 지켜야 한다. 무엇보다도 사고와 행위에서 비폭력을 길러야 한다. 그렇지 못했다고 판단한 간디는 진실관철운동의 중단을 선언했다.

그러자 적들은 간디를 비웃었고 간디의 지지자들은 실망했다. 그러나 중단의 결정이 도덕적으로 옳다는 간디의 신념은 변하지 않았다. 여기서 우리는 그의 중단 결정이 이보전진을 위한 일보후퇴라는 전략임을 알아야 한다. 그 후 그는 운동의 전위세력을 만들기 위해 노력했다.

실패로 끝난 '당근과 채찍'의 통치

간디가 그 중단을 선언한 바로 그때 펀잡 주 암리차르의 잘리안왈라 공원에서 학살 사건이 터졌다. 1919년 4월 13일이었다. 다이어 장군이 이끄는 150명의 영국군이 사방이 높은 벽으로 둘러싸이고 출구가 하나밖에 없는 공원에서 기관총으로 높은 벽을 타고 도망가는 무저항의 군중에게 총알이 없어질 때까지 무차별 사격을 가해 집회에 참석한 여성과 아이들을 포함한 시민 1200명이 죽고 3600명이 부상을 당했다.

이어 펀잡 지방에 계엄령이 선포되고 무차별 체포와 공개적 구타가 이어졌으나 영국군은 이를 비밀에 부쳐 영국에 대한 불신은 더욱 커졌다. 게다가 영국이 당시 사령관을 제국의 공로자로 표창한 점도 인도인의 분노를 불러일으켰다. 간디 역시 평소의 그와 달리 과격한 말로 비난했다.

> 대영제국은 오늘날 악마주의를 대표한다. 그들은 극악무도한 죄를 저질렀기 때문에 신과 이 나라에 용서를 빌지 않으면 멸망하고 말 것이다. 나아가 대영제국이 사과하지 않으면 대영제국을 멸망시키는 것이 모든 인도인의 의무가 될 것이다.

사람들은 영국 군인들을 응징해야 한다고 주장했다. 이에 대해 간디는 "비겁과 폭력 사이의 선택에서 나는 폭력을 권할 것"이라고 하면서 다음과 같이 말했다.

> 그러기 때문에 나는 폭력수단을 믿고 있는 사람들에 대해서는 무기 사용 훈련을 지지한다. 나는 인도가 비겁자가 되거나 혹은 무력한 목격자가 되어 수치스럽게 남아 있느니보다는 차라리 인도의 명예를 지키기 위해 인도가 무력에 호소하기를 바란다. 그러나 비폭력이 폭력보다 무한하게 월등하며 용서가 응징보다는 더욱 사나이답다고 믿는다. 용서는 병사의 아름다운 장식물이지만 벌을 줄 힘이 있을 때 자제하

는 것이 진정한 용서다. 무력한 사람에게서 나오는 용서는 의미가 없다. 내 말을 오해하지 마라. 힘은 육체적 능력에서 나오지 않는다. 불굴의 의지에서 나온다.

그러므로 나는 다이어 장군과 그의 부류에 대한 적절한 응징을 외치는 사람들의 감정을 이해한다. 그러나 나는 인도가 하잘것없는 것이 되어서는 안 된다고 믿는다. 다만 나는 인도와 나의 힘이 더 나은 목적을 위해 쓰이기를 바란다. 힘은 물리적 능력에서 나오는 것이 아니라 불굴의 의지에서 나온다. … 확실히 용서는 확실하게 우리들이 힘을 인식하는 데 있다.《인디언 오피니언》 1920. 8. 11)

간디는 학살 사건을 철저히 조사했다. 그리고 이제는 영국의 지배가 조기에 끝나야 한다고 생각하게 되었다. 그가 믿었던 조정과 타협은 이제 영국과 인도 사이에서는 불가능하게 되었다고 판단했다. 그래서 그 뒤 총독을 만난 간디는 냉정하게 말한다. "여러분은 남의 집에서 주인 노릇을 하고 있음을 알아야 한다." "외국의 유능한 정부보다도 미숙하지만 자신의 정부를 갖고 싶다." "이슬람교도 등 소수파 문제는 우리가 해결한다." 그리고 자신만만한 얼굴로 말했다. "당신들은 결국 인도에서 나가야 한다. 왜냐하면 10만 명의 영국인이 3억 5000만 명의 인도인을 지배할 수 없다. 인도인이 협력하지 않으면, 우리는 평화적, 비폭력적으로 비협력을 관철한다. 돌아가는 것이 좋다."

이 사건은 인도 민족운동의 상징, 영국과 인도 관계의 전환점과도 같은 사건으로서 그 후 인도 독립운동의 분기점이 되었다. 당근과 채찍으로 인도를 통치하고자 한 영국의 정책은 완전한 실패로 끝났다. 이어 간디는 영국제 옷에 대해 거부 투쟁을 시작했다. 스스로 선두에 서서 물레를 잣는 것이었다.

모두가 주인인 세상

정의의 경제학

간디는 힌두교도이면서도 무슬림을 일관되게 지지했다. 인도의 무슬림은 서아시아 이슬람 세계의 구성원이자 인도 대륙에서는 인구의 3분의 1에 불과한 소수파였다. 서아시아 이슬람 세계는 1차 세계대전기에 오스만 터키의 붕괴를 맞아 전 세계 이슬람 교주인 터키 카리프의 지위가 위험해졌다. 따라서 카리프를 옹호해 영국과 투쟁하려는 운동이 인도 무슬림 사이에서도 발생했다. 이것이 카리프옹호운동이었다.

간디는 이를 인도 독립과 연결시켰다. 그는 카리프옹호회의에 참석해 비협력이라는 말을 처음으로 사용해 통일적인 비협력운동을 제창했다. 간디로서는 자신의 비협력운동과는 질적으로 다른 카리프옹호운동을 전적으로 지지한 것은 아니었으나, 영국을 더욱 강력하게 위협하기 위한 대중적 운동을 위해 정치가로서 연대를 택한 것이었다.

1919년 12월의 국민회의 대회는 학살의 도시에서 열렸다. 이어 1920년 9월의 캘커타(지금의 콜카타)임시대회에서 국민회의 측과 카리프옹호운동 측이 함께 모였다. 이는 1857년의 세포이대반란 이래 실현되지 못한 힌두와 이슬람의 연대가 다시 실현된 것이었다.

이러한 연대의 배경에는 1차 세계대전의 영향이 있었다. 전쟁 때문에 대다수의 인도인은 물가 폭등과 물자 부족으로 생활수준 저하를 경험했다. 한편 소수 자본가들은 막대한 이익을 확보했다. 그런 자본가들도 이 시기에는 국민회의와 연결되었다. 외국상품 불매운동이 그들에게 이익이 되었기 때문이다. 간디는 그들에게 경제윤리의 중요성을 말했으나 그들의 도움을 거절하지는 않았다.

> 인도에 수천만의 사람들이 굶주리고 있는데도 만찬, 결혼 파티, 기타 사치에 돈을 낭비하는 것은 범죄자로 간주되어야 한다. 한 식구가 굶주려 죽어 가는데 한 가정에서 진수성찬을 차려 먹지는 않을 것이다. 인도가 한 가정이라면 우리는 한 개인의 가정에서 갖는 것과 똑같은 느낌을 가져야 한다.(《인디언 오피니언》 1920. 12. 22)

간디는 일반 시민이 자녀 교육을 위해 돈을 벌기 위해 하는 "직장과 지위의 추구는 가정을 망치는 예가 많고 사람들을 바른 길에서 잘못된 길로 빠지게 해왔다(《인디언 오피니언》 1921. 6. 15)"고도 비판했다. 한국의 부모들이 들으면 싫어할 이야기일지 모르지만 이는 다음과 같은 사정에 따른 것이었다.

> 다른 나라에서야 어떤 것이 참이든 간에 인구의 80% 이상이 농업이고 나머지 10%가 공업인 인도에서는 교육이 단순히 인문적이어서 어린이들에게 여생의 육체노동을 위해 부적절하게 교육하는 것은 범죄 행위다. 참으로 우리 시간의 더 많은 부분이 먹을 것을 버는 데 바쳐져야 하듯이 우리 어린이들에게 어려서부터 그런 노동의 존엄성을 가르쳐야 한다. 우리 어린이들에게 노동을 경멸하도록 가르쳐서는 안 된다. 우리 학생들이 육체노동을 경멸까지는 하지 않는다 하더라도 육체노동을 달갑지 않게 여기는 것은 슬픈 일이다.(《인디언 오피니언》 1921. 11. 1)

지금 한국의 농업 인구는 10% 이하로 간디의 말은 우리와 무관하다고 할지 모르겠다. 그러나 한국에 분포된 경제인구와 무관하게 육체노동을 경시하는 풍조는 여전하고 교육이 인문적인 것도 여전하다. 간디는 참된 경제학은 정의의 경제학이라고 하면서 당시에 이미 물레 돌리기 운동을 시작하고 있었다. 손으로 방직을 하는 기술은 당시에도 이미 낡은 것으로 그 자취를 찾기가 쉽지 않았다. 간디가 어느 시골에서 겨우 오래된 기술을 찾아내어 시작한 그것은 간디 대중운동의 상징이 되었다. 그리고 비협력운동 전개에 더욱 중요한 요소는 사람들이었다. 네루, 보세(Subhas Chandra Bose, 1897~1945)가 그들이다.

부드러운 설득의 힘

1920년 8월, 간디는 비협조운동을 한다고 선언했다. 간디는 비폭력적으로 비협조를 하면 1년 안에 자치정부가 이뤄질 것이라고 장담했다. 간디는 이를 의회정치 확립이라고 했는데 이는 그가 종래 주장한 것과 모순된 것이었다. 그는 이미 『인도의 자치』에서 영국의 의회를 매춘부라고 조롱한 적이 있었다. 그래서 그는 의회정치 확립을 이상적인 스와라지가 아니라 그것에 이르는 이행 단계라고 설명했다. 그러나 이는 임시변통이 아니라 그가 2년 전부터 주장한 것이었다.

그는 민주적 성격을 띤 새로운 국민회의가 도시와 촌락을 막론하고 모든 곳에 뿌리내려야 하고 인도인은 규율과 비폭력을 배워야 한다고 했다. 나아가 무슬림과 힌두는 상호 불신을 없애고 외국산 천의 사용을 중지하며 물레를 돌려야 한다고 했다. 또 목표 모금액을 모으고 불가촉민에 대한 차별을 완화하며 마약과 술의 매매를 막아야 한다고 했다. 이러한 계획의 근본에는 국민회의를 국가 내의 국가, 부정한 식민체제에 대한 항거의 요새로 만들어 새로운 자립적 사회를 세운다는 그의 치밀한 실용적 전략이 있었다. 그는 "영국인과 동등하다고 느끼고 그들과 동등한 존재가 되지 않는 한 독립은 결코 오지 않는다"고 썼다. 즉, 주체성의 확립이 독립의 전제였다. 공격적이고 보복적인 반체제가 아니라 주체적인 반체제가 성장하면 행동의 자유도 더 많이 확보되고 그 결과 마르크스가 말하듯이 양적 변화에 의한 질적 변화가 와서 독립이 이룩된다고 보았다. 그는 특히 개인의 자유를 강조하고 동조하지 않는 사람들을 '부드러운 설득'으로 이끌 것을 요구했다. 이러한 태도야말로 참된 리더로서 간디의 가장 빛나는 부분이다.

> 사람들이 다만 그들이 절대로 신뢰하는 계획대로 일하게 내버려 둬라. 인간 제도에서 충성은 범위가 잘 구획된 한계를 갖고 있다. 한 조직에 충성하려는 것은 사람이 정한 신념에 대한 복종을 뜻하는 것이 아니다. 당은 쓰러지기도 하고 일어서기도 한다. 우리가 자유를 획득하려면 우리의 깊은 신념은 그처럼 일장춘몽 변환에 영향받아서는 안 된다.《영 인디아》1921. 12. 8)

우리는 누구에게 "부끄러운 줄 알아라"라고 소리쳐서도 안 되고 우리 방식을 채택하기 위해, 우리 국민을 설득하기 위해 강제를 써서도 안 되며, 우리 자신을 위해 요구하는 똑같은 자유를 그들에게 보장해야 한다.(《영 인디아》 1921. 2. 9)

우리는 우리들의 적수를 사회적으로 동맹해 배척해서는 안 된다. 그것은 강제가 된다. 우리가 하는 바와 같이 자유의 결과 자유행동을 요구하면서 우리는 다른 사람에게 똑같은 식으로 확대해 나가야 한다. 다수의 법칙이 강제성을 띨 때 그것은 관료적인 소수의 강제성처럼 참을 수 없는 것이 된다. 우리는 부드러운 설득과 논거로 참을성 있게 설득해 소수가 우리의 견해에 따르도록 노력해야 한다.(《영 인디아》 1921. 1. 26)

많은 경우의 동요자를 우리에게서 뚜렷하게 떼어놓으려는 것은 독단이며 안일한 자기도취다. 우리의 모토는 부드러운 설득과 끊임없는 머리와 마음에 호소하는 힘으로 늘 개조되어야 한다. 그리하여 우리를 정면으로 마주 대하지 않는 사람들에게 늘 정중하고 참을성 있게 대해야 한다. 우리는 우리 상대를 이 나라의 적으로 생각하는 것을 단호하게 배제해야 한다.(《영 인디아》 1921. 11. 29)

『자서전』 마지막 부분에서 보듯이 1920년 국민회의가 간디의 비협력을 채택하고 나서, 간디는 자신이 영국으로부터 받은 훈장을 반납했다. 그리고 모틸랄 네루(네루 수상의 아버지)가 변호사직을 그만두자 수백 명의 변호사가 그를 따랐다. 대학생들은 학교를 떠났고, 농부들은 납세를 거부하면서 금주를 했다. 간디의 집회가 끝나면 수백만 명이 영국제 옷을 불태우고 모두 물레를 잣기 시작했다.

모든 탄생은 순간에 생긴다

이제 모든 영역에서 본격적인 공세가 시작되었다. 대학생들은 수업을 거부하고 간디에게 몰려들었다. 간디는 아메다바드와 콜카타에 민족대학을 세웠다. 변호사들은 법정을 떠나 간디와 합류했다. 오랜 세월을 거치면서 간디는 사람을 보는 예리한 눈을 갖게 되었다. 리더로서 필요한 능력을 갖춘 간디는 유능한 사람을 뽑아 책임을 부여했다. 그중에서 가장 뛰어난 인물은 무슬림인 가파르 칸이었다.

그리고 국민회의 회원 수를 600만 명이나 늘렸고 목표치의 모금액도 달성했다. 특히 시골 사람들이 냉담과 무관심에서 깨어났다. 그러나 부활의 자리에는 연설만이 아니라 언제나 즐거운 음악이 있었다. 간디는 원래부터 음악이 갖는 힘을 중시했다. 물레는 배운 사람들과 못 배운 사람들을 접촉하게 했다. 이는 어떤 정치가도 상상하지 못한 신선한 발상이었다. 간디는 물레나 베틀만이 아니라 대중들의 읽고 쓰는 능력도 향상시켰다.

힌두와 무슬림은 상호비방을 중단하고 이슬람 사원은 평화를 되찾았으며 암소 살해도 중단되었다. 인도 전역에 파업이 전개되어 1920년에만 400건이 발생했다. 간디는 파업을 지지하면서도 선동가들에게 이용당할 수 있는 동정파업이나 정치파업에는 반대했다. 간디의 비협조운동에는 영국에 대한 증오심이 없었으나 정부는 증오보다 더 큰 치명타를 입었다. 그래서 여러 가지 탄압 조치를 취했다. 그러나 간디는 조금도 흔들림 없이 결연한 모습으로 일관했다. 그러나 1년 뒤에 터진 차우리 차우라의 폭력 사건으로 비협력운동은 철퇴를 맞았다. 이는 농민들이 경찰서를 방화해 경찰관 22명을 살해한 사건이었다. 간디는 인도 민중이 운동을 비폭력적으로 하기에 미숙하다고 해 운동의 중지를 명했다. 민중 입장에서 본다면 이는 민중 에너지의 성장을 중지시킨 것에 불과했으나, 간디에게는 원칙을 지키고자 한 중요한 결단이었다. 간디는 그들이 폭력을 그칠 때까지 책임을 지고 단식하기로 선언했다.

무방비상태인 사람들에 대한 어떤 도발도 그리고 실제로 군중의 자비에 매달려 있는 사람들에 대해 잔인한 살인은 용납될 수 없다. … 우리의 굴욕, 우리의 패배를 대신해 상대방에게 영광을 돌리자. 우리의 참과 비폭력에 대한 맹세를 거부한 죄책감보다는 겁먹고 나약함을 책임지는 것이 낫다. 우리 자신에게 참되지 못한 것보다도 만방의 앞에 참되지 못함을 뚜렷하게 하는 것이 몇백만 배 낫다.(《영 인디아》 1922. 2. 16)

네루가 사람들이 이제 깨어나 투쟁은 중지될 수 없다고 설득해도 간디는 자기가 죽으면 중단하리라고 답했다. 그리고 간디는 죽음을 건 단식에 들어갔다. 5일간의 단식 끝에 네루는 폭력이 끝났다고 간디에게 말했다.

이어 간디는 다시 체포되었다. 죄목은 선동죄였다. 그가 《영 인디아》에 쓴 세 편의 글을 이유로 들었다. 간디는 세 편의 글에서 비협조운동이 고의로 정부를 타도하려는 목적을 가지며 정부 활동을 전적으로 악이라고 생각해 도전한다고 했다.

우리는 그 정부를 전복하기를 원한다. 우리는 국민의 의지에 정부가 승복하기를 강요하고 싶다. 우리는 정부가 국민에게 봉사하기 위해 존재하는 것이지 국민이 정부에 봉사하기 위해 존재하지 않는다는 것을 보여 주고 싶다. 우리는 많고 적음을 막론하고 우리들이 간직한 신념을 희생의 대가로 자유를 구하지는 않는다. … 비록 우리들이 어떻게 든 살아남고 싶지만 우리가 점차 자유로워지고 있다고 자인하느니 차라리 옳은 것을 향해 수치를 모르는 독재를 감수하는 것이 더 명예로 울 것이다. 점차로 이루어지는 그런 자유는 없다. 우리가 전적으로 자유로워질 때까지 우리는 노예다. 모든 탄생은 순간에 생긴다.(《영 인디아》 1921. 12. 15)

예비 심문에서 간디는 유죄를 인정하고 자신의 직업이 '농부 겸 직조공'이라고 했다. 그는 2년 전의 재판에서도 그렇게 말했다. 그는 여전히 변호사였지만 10년 동안 활동하지 않아 그 지위를 잃게 될 처지였다. 간디가 허리감개만을 두르고 법정에 입장하자 방청객은 물론 재판관도 일어섰다. 간디는 아무런 변호도 하지 않고 기소사실을 모두 인정했다.

이 법정에서 나는 현 정부 체제에 대한 불신을 설교하는 일이 나에게는 열정이 되었다는 사실을 추호도 감출 생각이 없습니다. … 나는 불장난을 하고 있고 모험을 감행하고 있다는 것을 알고 있습니다. 하지만 석방되더라도 나는 똑같이 행동할 것입니다. … 나로서는 시민의 최고 의무로 생각하는 일에 대해 내게 주어질 수 있는 최고형을 요청하고 그것을 달게 받기 위해 이 자리에 섰습니다.

그는 6년 형을 선고받았다. 방청객들은 간디의 발밑에 엎드려 눈물을 흘렸다. 그는 온화한 미소를 띠고 법정을 떠났다. 그는 "악한 정부에게는 착한 사람을 위해 감옥 이외에 달리 방이 없다《영인디아》1921. 9. 22)"고 썼다. 1922년의 투옥으로 1차 세계대전 후의 비협력운동은 끝났으나 간디의 명성은 더욱 높아졌다. 그래서 실수임을 깨달은 정부는 그 뒤부터 간디를 수감할 때 재판을 하지 않았다.

조용한 한때를 보내다

53세가 된 1922년부터 1924년까지 간디는 푸네 근처의 야루와다에 수감되었다. 그는 당시 편지에서 조용한 한때를 보내고 있다고 썼는데 실로 인생에서 한가한 시기였다. 그는 야루와다에서 매일 6시간씩 물레를 잣고 4시간씩 독서하면서 2년간 150여 권의 책을 읽었다.

자기 정화는 감옥에서 찾아내는 주요한 성찰이다. 정부가 곤혹스러워하는 것은 부차적인 성찰이다. 순진하고 무식하지만 순수하기만 한 사람을 투옥이나 혹은 강제 집행까지 하면서 정부가 전혀 곤혹스러워하지 않을지라도 그러한 투옥으로 정부가 끝장나고 말 것이란 것은 나의 요지부동한 확신이다. 단 한 개의 등불로도 가장 깊숙한 어둠을 몰아낸다.(《영 인디아》 1922. 2. 9)

그리고 감옥에서도 봉사활동을 했다.

바른 일 때문에 감옥에 온 사람과 나쁜 일 때문에 감옥에 있게 된 사람들의 차이는 무엇일까? 양쪽 모두가 같은 옷을 입고 같은 음식을 먹으며 겉보기에 같은 규제에 복종한다. 그러나 후자가 마지못해 그 규제에 복종하고 될 수만 있다면 비밀리에 혹은 공개적으로라도 규제를 어기려고 한다면 전자는 감옥의 규제에 기꺼이 능력껏 최선을 다하고 감옥 밖에 있을 때보다도 명분에 더 값지게 그리고 더 봉사할 수 있다.(《영 인디아》 1921. 12. 29)

그 사이 비협력운동은 끝나서 운동의 전국적인 통일성도 사라지고 이슬람과 힌두의 연대도 끝났다. 국민회의파는 개혁파와 고수파로 분열되고, 1924년 터키에서 카리프제가 없어져 카리프옹호운동도 혼미한 상태에 빠졌다. 테러와 종파 간 분쟁은 끝없이 벌어졌다. 그러나 당시의 영국은 식민지 인도에 상당한 정도의 민주주의 제도를 부여했다. 특히 제한적이나마 선거로 형성된 지방의 인도인 정부에게 교육, 공공사업 및 농업에 대한 권한을 부여했다. 물론 그것은 영국 지배에 반대하는 국민회의를 억압하는 대신에 지방 보수층에 친영세력을 심고자 한 것이었으나, 지방정치가 나타난 것은 사실이었다. 1923년에 펀잡의 연합당, 1926년에 마드라스의 정의당, 1926년에 벵갈의 대중당이 각각 결성되었고, 관개, 도로, 다리, 교육시설 등의 건설을 도모했다. 당연히 그들은 친영세력이고 지방적이어서 전인도의 통합이나 국민회의류의 정치운동, 농민이나 노동자의 운동과도 무관했다. 특히 어떤 집단도 주에서 절대 다수를 차지할 수 없는 당시 제도는 그 후 인도 정치의 특징을 형성했다. 일부 권한을 지방으로 이양함에 따라 중앙 정치는 인도인의 관심 밖으로 멀어져서 영국은 태평성대를 누렸다.

배운 사람들의 경직된 마음

1924년 간디는 맹장염에 걸려 부네의 병원에서 수술을 받은 뒤 석방되었다. 당시 그는 자치를 위해서는 세 가지 조건, 즉 물레, 힌두와 무슬림의 통일, 불가촉민제의 폐지가 충족되어야 한다고 말했다. 간디는 석방 후 정치가 아닌 위의 세 가지 일에 종사했다. 자치를 위한 사회적 경제적 기반을 형성하고자 한 것이다.

그는 인도 가정은 부업 없이 자족할 수 없다고 보고 물레가 일반화되면 수백만의 직공은 본래 직업으로 되돌아가고, 물레의 보급은 촌락의 산업을 부흥시킬 것이라고 기대했다. 1924년 국민회의 전국위원회에서 그는 회의파 간부들은 물레를 의무적으로 돌려야 한다고 주장했으나 실패로 끝났다. 당시 그는 자신의 최대 고민이 '배운 사람들의 경직된 마음'이라고 했다.

1925년, 간디는 육체노동을 당원이 되는 조건으로 하지 않으면 대중을 대표할 수 없다는 이유로 회의파와 별도의 조직인 전인도 방적공협회를 조직했다. 1926년 말 협회에는 약 5만 명의 방적공과 3000명 이상의 직공이 가입했고 그들은 1500개 마을에서 사람들을 끌어모으는 150개 센터에서 활동했다. 당시 마드라스 주에서만 물레로 생계를 이은 사람이 60%나 증가했고, 물레 수도 1934년부터 41년에 걸쳐 3000대에서 5000대로 늘었다.

또한 간디는 인구의 10~15%를 차지하는 불가촉민에 대한 차별을 해소하고자 노력했다. 그는 먼저 아슈람에 그들을 받아들여 함께 식사했다. 불가촉민의 직업인 청소나 피혁업은 화장실 청소를 기본으로 간디 스스로 실천했다. 그는 비위생, 빈곤, 무기력을 인도 농촌의 3대 결함으로 공격했다.

아힘사(살생 금지)나 비폭력의 전통이 없는 무슬림은 1924년 국민회의파와 별개로 집회를 열었다. 1918년 이래 6년 만의 결별이었다. 그 회의에서 무슬림은 무슬림 문제를 지방자치권을 갖는 주의 연방과 분리선거를 치름으로써 해결해야 한다고 주장했다.

1927년 간디는 침묵을 깨고 조혼 반대, 암소 보호, 영어 대신 힌두스탄어를 국어로 하는 운동에 나섰다. 1928년 바르돌리에서 8만 7000명의 농부가 22% 지세인상을 거부했다. 같은 해 6월 12일, 간디가 지지휴업을 선포하자 8월 6일 정부는 양보를 해 과세율을 원래대로 환원시키고 투옥자를 석방하며 토지와 살림살이를 돌려주었다. 그러나 폭동은 그치지 않았다.

1928년 10월, 신임 총독 어윈 경이 간디를 불러 존 사이몬 경의 조사단이 인도 보고서를 작성할 것이라고 했다. 몬 파드 개혁에 의한 인도통치법이 10년을 경과해 그것을 수정하기 위한 사이몬 위원회가 조직한 것이었는데 인도인이 한 명도 없었다는 점에 인도인은 분노했다. 그 위원회에 대항해 전국정당협의회가 만들어져 헌법 초안을 제정했다. 그러나 그 안에 대해서는 무슬림이 합의하지 않았고, 네루를 비롯한 청년들이 간디의 반대를 무릅쓰고 사회주의 영향을 받아 완전 독립을 주장했다. 간디는 1929년 말까지 자치령의 지위가 인정되지 않으면 그 후 완전독립을 위한 투쟁을 한다는 타협안을 성사시켰다. 그러나 1929년 말에도 자치령은 인정되지 않아 다음 해부터 독립을 위한 본격적인 투쟁이 시작되었다.

1929년 대공황의 영향은 전 세계에 미쳤고 다른 나라에 비해 인도에서는 좀처럼 회복세가 보이지 않았다. 1930년대의 인도는 경제적으로 몹시 어려웠다. 물가는 하락하고 수요는 감퇴했다. 특히 수출용 상품 작물의 가격 하락은 농촌에 치명타였다. 농산물 가격이 급락하면서 옷, 기름, 설탕 등 주요 상품의 소비도 줄어들고 부채가 늘면서 농가들은 파산했다. 그런 가운데 간디는 진실관철운동의 실천을 고민했다.

더 이상의 굴복은 신에 대한 범죄

1930년 1월에 간디는 그달 26일을 독립의 날로 정하고 더 이상의 굴복은 인간과 신에 대한 범죄라고 선언했다. 이어 4일 뒤, 독립의 실체를 제시했다. 이는 영국이 초래한 최악의 폐해를 총망라한 것이다.

1930년 3월 2일, 간디는 총독에게 9일 뒤 진실관철투쟁을 시작하겠다고 알렸다. 이어 12일, 간디는 70명의 아슈람 회원과 함께 지팡이를 짚고 사바르마티를 떠나면서 사람들에게 소금법에 응하지 말라고 했다. 그리고 그들은 하루 한 시간씩 물레질을 했다. 24일 동안 400km를 걸은 뒤 행렬이 던디에 이르자 수천 명이 함께였다. 그리고 철야기도를 한 다음 날, 바닷가에서 소금 한 줌을 집어 들었다.

물레와 소금을 인도 독립운동의 상징으로 삼은 것은 그야말로 리더로서의 간디가 가진 비범한 능력이었다. 그전에 국민회의는 힌두교 신이나 영웅을 그 상징으로 삼았다. 그러나 이는 이슬람교도를 비롯한 다른 교파를 포용할 수 없었다. 이에 비해 간디는 종교적, 문화적으로 중립이고 서양 기계문명에 대립하는 상징인 물레와 소금을 국가통합의 상징으로 사용했다. 특히 인도 생활에 필수적인 소금에 부여된 세금을 거부함으로써 식민지 지배의 부정을 인민에게 알렸다.

이어 인도 전역에서 소금을 불법으로 팔았고 6만 명이 구속되었다. 간디도 1930년 5월 5일 구속되었다. 2500명이 경찰 400명에게 학살당하는 사건이 터졌다. 당시 영국은 1928년부터 집권한 노동당에 의해 인도 독립 쪽으로 기울어 있었다.

간디가 체포되고 1주일 뒤인 1930년 5월, 어윈 총독은 런던에서 인도인 대표를 초대해 원탁회의를 연다고 발표했다. 원탁회의는 그해 11월부터 1931년 1월까지 열렸다. 그러나 국민회의측은 불참했고, 출석한 인도대표는 간디의 석방만을 요구했다. 그래서 영국은 회의 종료 후 간디를 석방하고 교섭을 시작했다. 당시 처칠은 이는 간디를 영웅으로 만드는 것이라고 비난했다. 그러나 어윈은 간디와 여덟 차례 회담해 3월 5일 협정을 체결하고 제2회 원탁회의에 출석할 것을 약속했다.

최초의 원탁회의가 1930년 8월 런던에서 열렸으나 국민회의 대표는 불참했다. 이어 1931년 1월에 간디가 석방되자 '어윈-간디 협정'을 체결해 모든 수감자를 석방하고 천일염 제조를 합법화하며 차기 원탁회의에 국민회의가 대표로 참석하게 되었다. 1931년 8월 29일, 간디 일행은 런던으로 가서 12월 25일까지 런던에 머물렀다. 그는 호텔과 예식을 사양하고 이스트 앤드 빈민가를 택하고, 방직노동자들과 찰리 채플린을 만났다. 그러나 회의 결과는 모든 교파가 독립된 선거제도를 요구하는 것으로 끝나 독립은 다시 요원해졌다.

간디는 파리를 거쳐 스위스 빌뇌브의 로맹 롤랑 집을 방문했다. 롤랑은 1924년에 간디 전기를 썼었다. 이어 이탈리아로 가서 무솔리니를 만났으나 교황은 그를 거부했다.

그사이 새 총독에 의해 모틸랄 네루의 아들인 자와할랄 네루가 이슬람교도 체르와니와 함께 체포되었고 자치권도 축소되었으며 집회와 거부운동이 금지되었다. 간디도 1932년 1월 4일 체포되었다. 약 6만 명의 국민회의 투사들도 구속되었다.

그때 영국 정부가 각 교파가 독립해 선거하는 제도를 만들려고 했다. 간디는 인도담당 국무장관에게 편지를 보내 이를 취소하지 않으면 단식을 하겠다고 말했다. 9월 20일 정오부터 목숨을 건 단식이 시작되었다. 그리고 온 나라가 기도에 들어갔다. 그러나 불가촉민 출신인 법률가 암베드카르는 냉소했다. 9월 24일, 힌두교도와 불가촉민 사이에 예라브다 협약이 체결되었다. 월요일 아침 런던과 뉴델리는 협약을 승인했고 간디의 단식도 끝났다. 지금까지도 '장렬한 단식'이라 불리는 그 단식은 인도 전역에 상세히 전해졌다. 그리고 단식이 시작된 직후부터 천년 동안 불가촉민에게 닫혔던 사원의 문이 열렸다.

그러나 1932년 8월, 영국은 코뮤날 협정으로 암베드카르와 무슬림이 요구한 분리선거를 인정했다. 이는 인도를 종교와 계층에 따라 12개의 선거구로 세분한다는 것이었다. 그러나 국민회의는 그것이 소수파보호라는 미명으로 힌두세력을 억압해 힌두세력이 인도 전체의 대표가 아니게 하는 것이라고 반대했다.

9월 20일, 간디는 감옥에서 분리선거를 철회하지 않으면 죽을 때까지 단식한다고 선언하고 단식에 돌입했다. 간디는 분리선거가 도리어 불가촉민제를 영속화시킨다고 목숨걸고 반대하며 불가촉민과 힌두교도가 일치할 것을 희망한다고 말했다. 그에게 호응해 각지에서 사원, 우물, 도로가 불가촉민에게 개방되고 바라문이 불가촉민과 함께 식사했다.

단식에 든 지 3일 만에 간디가 급격히 쇠약해지자 암베드카르는 분리선거 철회를 발표했다. 그리고 1932년 9월, 부네에 모여 부네협정을 체결했다. 유보의석을 71석에서 148석으로 늘리는 대신 분리선거는 없앤다는 것이었다. 영국 정부도 이를 승인해 간디는 단식을 풀었다. 간디는 출옥 후 정치운동에서 은퇴한다고 선언하고 불가촉민 해방운동에 전념하기 위해 전국 여행을 떠났다.

이 단식에 대해서는 비판이 있다. 간디가 불가촉민에게 압력을 가해 그들의 요구를 저지시켰다는 점과 불가촉민의 본질을 몰랐다고 하는 점이다. 후자는 주로 사회주의에서의 비판으로서 불가촉민 문제의 본질은 경제문제, 즉 지주와 소작관계를 해소시키는 운동에 의해서 비로소 해결될 수 있다는 것이다.

그러나 단식은 간디가 최초로 영국 정부에 자신의 의지를 강요한 것이었고, 단식이 문제를 어느 정도 해결했다는 점에서 긍정적으로 평가되어야 한다. 불가촉민 제도는 사라지지 않았지만 이제는 전과 같을 수는 없게 되었다. 탄압으로 분열되어가던 인도는 다시 뭉쳤고 지배자들에 대한 도덕적 우위를 되찾았다. 결국 총독은 실패했다. 이때부터 간디는 불가촉민을 하리잔, 즉 '신의 자녀'로 부르기 시작했다.

1933년 5월, 간디는 다시 단식을 했다. 자신을 찾아온 미국 처녀의 성적 자극을 씻기 위해서라는 기묘한 이유였다. 그러자 영국은 겁을 먹고 단식 첫날에 그를 석방했다. 그 후 간디는 아슈람을 해산하고 그것을 불가촉민에게 주었다. 다시 투옥, 단식, 석방이 이어졌다. 그리고 불가촉민이라는 뜻의 '하리잔' 신문사를 운영하다가 정치에 흥미를 잃고 물러나 인도 개혁에 나섰다. 1934년에는 국민회의에서도 물러나 인도를 여행했다.

세 가지 도전

당시 간디에게는 세 가지 도전이 있었다. 즉, 불가촉민, 무슬림, 그리고 사회주의였다. 프레를 선구자로 해 암베드카르(1891~1956)가 이끈 차별반대운동은 1920년대에 정치화했다. 암베드카르는 인도 중서부의 마하르라는 불가촉민 마을에서 태어나 영미에 유학해 변호사와 박사 자격을 땄다. 몬 파드 개혁시에는 피억압계급의 분리선거와 인구비율에 따른 유보의석을 요구했다. 독립 후에는 초대 법무부장관, 헌법기초위원회 위원장을 지냈고, 1956년에는 불가촉민제의 근원이 힌두교에 있다고 하는 이유로 불교로 개종했다.

불가촉민에 대한 차별은 상상하기 힘들 정도다. 동물 사체와 쓰레기 처리, 피혁제품 제조에 종사하는 그들은 다른 카스트로부터 더럽다고 취급받아 결혼이나 함께 식사를 하고 우물을 함께 사용하는 것도 거부당했다. 그들의 저항운동은 간디의 진실관철운동을 모델로 해 그 이름으로 행해졌다. 1925년 케랄라에서 발생한 그것은 불가촉민에게 사용이 금지된 도로를 개방하라는 반바라문운동이었고, 그것은 이어 사원개방운동으로도 이어졌다.

암베드카르의 요구는 1960년대에 미국에서 발생한 역차별(Affimative Action)의 선구였다. 차별을 없애기 위한 분리선거 요구는 무슬림의 그것과 이유는 다르나 내용은 같은 것이었다. 1927년, 그는 불가촉민에게 금지된 저수지에서 물을 먹을 수 있는 진실관철운동을 개시했다. 이어 간디가 소금행진을 개시하기 10일 전, 나시크에서 사원개방운동을 벌여 1만 5000명의 불가촉민이 사원을 둘러싸고 행진했다.

종래 반바라문운동은 친영국적이었으나 암베드카르의 경우는 반영국의 독립을 주장한 점에서 과거의 지도자들과는 달랐다. 간디는 1931년 8월, 제2회 원탁회의에 참가하고자 영국으로 가기 전에 암베드카르와 만났다. 간디는 62세, 암베드카르는 40세였다. 간디는 자신이 오랫동안 불가촉민 문제를 고민해 왔는데 암베드카르가 자신을 반대하는 것에 놀랐다고 말했다. 이에 대해 후자는 실제로 변한 것은 아무것도 없다고 답했다.

저항은 더욱 불타오르고

1920년 당시 소련의 타슈켄트에서 벵골 출신 혁명가 로이(1893~1954)의 참석하에 인도공산당창립대회가 열렸고, 국내에서는 북인도 공업도시 칸푸르에서 창립대회가 열렸다. 이미 1918년 마드라스섬유노동조합이 조직되었고, 1920년 전국조직으로서 전인도노동조합회의(AITUC, All-India Trade Union Congress)가 64개 노동조합을 두고 출발했다.

또한 북인도를 중심으로 한 농민조합도 결성되었다. 특히 1920년대의 소작인 중심의 반지주운동이 농민운동의 토대를 구축했고, 전국조직인 전인도농민조합(AIKS, All-India Kisan Sabha)은 1936년에 조직되었다.

그 후 1920년에는 사회주의 영향 하에 노동운동과 농민운동이 격화되었고 이는 1929년 대공황 이후 소련이 제1차 경제계획을 성공시키자 더욱 격렬하게 변했다. 그러나 소금행진에서 보았듯이 사회주의는 간디를 초월하지 않으면 간디에 흡수될 수밖에 없었다.

그러나 그들의 불만은 더욱 커졌다. 첫째 그들은 비폭력에 반대했다. 특히 그들은 1932년부터 34년에 걸친 혹독한 탄압 하에서 비폭력은 독립을 가능하게 하지 않으리라고 보았다. 둘째 그들은 통치법에 의해 더욱 체제적으로 변하는 국민회의파에 회의했다. 그들에 의해 1938년 국민회의파 사회당이 성립되었다. 그 전해인 1933년에 공산당전국센터, 1936년에는 전인도농민조합이 결성되었다. 그들은 지대 인하, 지주나 부자에 대한 부채 지불 유예, 토지로부터의 추방 금지, 노동자 임금 인상 등을 폭력적으로 관철하고자 했다. 이런 상황에서 간디는 친사회주의적인 네루를 후계자로 지명했다.

2차 세계대전시에 간디는 1차 세계대전시와는 달리 영국에 협력하지 않았다. 영국이 인도와 사전 상의 없이 개전한 것에 대한 반발이었다. 1942년 8월, 국민회의는 '인도에서 나가라(Quit India)'는 결의를 채택했다. 회의파는 여덟 개 주의 내각을 사임해 무슬림계가 집권한 벵골과 펀잡만이 영국에 협력했다. 파키스탄 독립을 지원받기 위해서였다. 이어 다음 해 3월, 무슬림연맹은 파키스탄 수립을 선언했다. 종래 전쟁비협력을 주장한 공산당도 전쟁협력으로 노선을 전환했다.

미국의 루스벨트 대통령과 영국의 처칠 수상은 1941년 8월, 대서양헌장을 발표했다. 그 속에 '양국은 강제적으로 주권과 자치를 박탈당한 국민에게 이를 회복시키는 것을 희망한다'는 구절이 있었다. 인도인은 그것이 인도를 말한다고 생각했으나 한 달 뒤 처칠은 인도와 미얀마는 예외라고 밝혀 인도인을 분노하게 했다.

또한 인도 총독은 '8월 제안'에서 인도를 자치령으로 하되 유력한 세력의 반대가 있으면 권능을 양도하지 않는다고 선언했다. 이에 대해 간디는 다시 불복종운동으로 맞섰다. 그러나 이번에는 개인적 불복종이라고 하는 기묘한 것이었다. 그는 영국이 비상사태령 등으로 언론의 자유를 탄압하고 있음을 문제 삼았다. 그러나 그것은 활기를 띠지 못했다.

이런 상황에서 일본이 참전했다. 아시아의 영국군 최대 군사기지인 싱가포르가 1942년 2월에 함락되고, 일본군은 5월에 미얀마 인도 국경까지 진군했다. 루스벨트는 처칠에게 압력을 가해 인도에 독립을 약속하게 해서 인도가 전쟁에 협조하도록 만들기를 요구했다.

간디는 8월에 다른 국민회의파 지도자들과 함께 체포되었다. 그 후 대중운동은 인도 전역에서 격렬하게 전개되었다. 당시 간디는 촌락공동체를 저항의 핵으로 생각했다.

무의미한 독립

1939년 9월 14일, 국민회의는 나치의 폴란드 침략을 비난하고 영국에 대해 독립을 조건으로 한 군사지원을 약속했다. 간디는 1940년 6월, 국민회의와의 단절을 선언했다. 인도 총독은 국민회의에 대답하지 않고 전쟁자문위원회에 참여하라고 제의했다. 분개한 국민회의는 간디를 의장으로 다시 선임하고 간디는 개별적 진실관철투쟁을 시작했다.

1941년 봄, 전쟁은 인도를 직접 위협했다. 일본이 홍콩을 점령하고 1942년 2월에는 싱가포르, 이어서 자바, 수마트라, 마침내 미얀마 수도인 랑군을 점령했다. 한편 롬멜은 이집트를 공격했다. 이제 독일과 일본은 연합해 인도를 침략할 수 있었다. 그러나 영국은 이를 막을 힘이 없었다. 인도 총독은 진실관철투쟁의 죄수들을 석방하고 지원을 구했다. 미국의 루스벨트 대통령은 처칠에게 인도에 대한 타협을 요구했다.

그리하여 크립스 경이 전후 인도에 자치령을 인정하고 입헌의회를 보장한다는 타협안을 가지고 델리에 도착했다. 그러나 간디는 영국에게 인도를 떠나라고 요구했다. 간디는 다시 푸나 교도소에 투옥되었다. 단식을 했지만 성과가 없었다. 양아들이자 비서인 마하데브 데사이가 죽고, 이어 1944년 2월 22일, 간디의 아내가 죽었다. 5월 6일, 처칠은 간디를 석방했다. 전쟁이 끝나고 1945년 노동당이 정권을 잡으면서 인도 독립을 준비했다. 웨이벌 경의 주재로 심라 회담이 열렸으나 힌두교와 이슬람교의 화해는 실패했고, 이슬람교 대표 진나는 분리를 요구했다.

간디가 감옥에 있는 동안 전쟁은 끝났다. 영국으로서는 권력 이양 대상을 빨리 확정해야 했다. 공산당을 제외한 국민회의파와 무슬림연맹이 검토되었다. 구체적으로는 중앙 차원과 주 차원에서 두 정당의 존재를 확정할 필요가 있었다. 1945년 선거에서 두 정당은 각각 승리했다. 즉 각 지역의 분리선거에서 승리했다.

그래서 영국, 국민회의, 무슬림연맹 3자간의 교섭이 시작되었다. 영국은 힌두와 이슬람 지역을 각각 자치단위로 하되 국방, 외교, 통신 및 교통은 연방정부가 갖는 연방제를 제시했으나 합의에 이르지 못했다.

1947년 8월 15일, 인도는 파키스탄과 분리되어 독립했다. 영화 〈간디〉에는 최후의 총독 마운트베튼 경이 인도에 도착하는 장면이 나온다. 이는 종래의 관례인 뭄바이의 '인도의 문'을 통해 총독이 상륙한 것을 깬 것이다. 이어지는 장면은 간디의 실의와 무력, 그리고 패배를 묘사한다.

간디는 처음으로 '국부'라는 칭호를 들었지만 콜카타에서 지내며 독립식전 참석을 거부했다. 그리고 어떤 공식적 메시지도 보내지 않으며 단식으로 만족하고 물레를 돌렸다. 그는 종교의 융화 없는 국가 독립은 무의미하다고 주장했다. 독립과 함께 힌두교도와 이슬람교도는 내전 상태에 돌입했다. 그리고 네루의 요청으로 마운트베튼은 총독으로 남았다.

콜카타여, 이성을 되찾으라

그 1년 전에 인도 전역에 힌두 무슬림 종파 간 폭동이 발생했다. 그동안 간디는 위기 때마다 대중운동을 제기해 극복했다. 그러나 이번에는 처음부터 그것이 불가능했다. 간디는 패배를 인정했다. 독립 후에도 난민의 이동이 질병, 약탈, 폭력, 살인 속에서 이어졌다.

8월 16일, 콜카타에서 유혈사태가 발생해 5000명이 죽고 1만 5000명이 부상당했다. 유혈사태는 벵골과 비하르로 확산되었다. 77세의 간디는 지팡이를 짚고 길을 떠났다. 힌두교도와 이슬람교도 사이의 종교분쟁을 해결하기 위해 동벵골과 노아카리 지역을 방문해 해결했다. 그러나 끝내 독립은 분리를 전제로 결정되었다.

간디는 끝없이 물레를 돌렸다. 8월 말, 그의 집은 습격당했다. 9월 2일, 그는 '콜카타가 이성을 되찾을 때까지' 단식에 돌입했다. 9월 14일 소요가 가라앉았다. 그리고 델리로 갔다. 암살 가능성이 있었지만 그는 혼자서 다음 날에도 난민캠프를 찾아갔다. 분리에 끝까지 반대한 간디는 독립축전에도 참가하지 않고 북인도 각지를 걸으면서 힌두교도에게 자중할 것을 말했다.

이어 간디는 1948년 1월 13일 다시 단식을 했고 18일 풀었다. 20일에는 그의 집에 폭탄이 투척되었다. 당시 그는 농촌 입장에서 사회적, 도덕적, 경제적 독립을 이루기 위해 국민회의 전국위원회를 국민봉사협회로 바꿔야 한다고 주장했다. 그리고 카디를 입고 금주를 하며 불가촉민을 가정에 두지 말 것을 요구했다. 또한 농촌이 농업과 수공업으로 자급자족할 수 있게 조직되어야 한다고 주장했다. 그러나 그는 1월 30일 저녁 델리 비르라에서 힌두교도에 의해 암살되었다. 78세였다. 암살자는 힌두 우익단체 조직원으로서 바라문이었다. 그리고 200만 명이 지켜보는 가운데 화장되어 갠지스 강과 잠나 강이 만나는 곳에 수장되었다.

죽을 때 그는 도둑맞았다가 돌려받은 무쇠시계 하나, 아슈람에서 만든 두 켤레 샌들, 『바가바드기타』『코란』『성서』, 상아로 만든 원숭이 상 셋 외에 아무것도 소유하지 않았다. 원숭이 셋은 각각 눈, 귀, 입에 두 손을 대고 있었다. 그를 아는 사람들은 말했다. "그는 어린아이였어요. 아이처럼 웃곤 했지요." 그해 여름, 간디의 장남 하릴랄 또한 어느 시골 병원에서 숨을 거뒀다. 알코올 중독자로 결핵을 앓던 그는 자신을 모하메드 간디라고 부르게 했다.

카리스마보다
힘 센 비전

아나키스트 간디

나는 간디를 아나키스트로 본다. 인도에서나 한국에서나 간디를 아나키스트로 보는 견해는 거의 없다. 그러나 간디 자신은 일찍부터 아나키스트임을 자처했다. 단 비폭력적 아나키스트이고 특히 애국 아나키스트임을 분명히 밝혔다. "저 자신도 아나키스트이기는 하지만 종류가 다릅니다. … 저는 아나키스트를 존경합니다. 그는 자기 조국을 사랑하니까요." 간디의 애국은 국수주의적인 것이 아니라, 모든 사람이 자신이 태어난 조국을 사랑하는 것과 같은 보편적인 것에 불과했다. 그는 모든 종교가 하나이듯 모든 애국심도 하나라고 보았다. 그리고 시대와 지역에 따라 특정 종교가 생기듯이 태어난 나라에 따라 애국하는 특정 국가가 다를 뿐이라고 보았다. 따라서 그는 조국인 인도를 어떤 식으로든 미화하거나 찬양하지 않았다. 다른 나라보다 낫다고도 하지 않았다. 모든 종교가 하나이듯이 모든 애국심도 하나다. 누구나 종교를 갖듯이 누구나 조국을 갖는 것에 불과하다. 간디의 애국이란 그런 것이었다.

간디의 계승자인 네루도 간디를 이상적인 아나키스트로 규정했다. 이론적으로는 다완의 업적이 중요했다. 다완에 따르면 간디는 최대 다수의 최대 행복을, 강압 대신 비폭력, 착취 대신 봉사, 소유욕 대신 포기, 계급이나 국가나 중앙집권 대신 계급도 국가도 없는 지역별, 개인별 창의력에 기반을 둔 자치적 마을공동체의 민주주의에 의해 실현될 수 있다고 보았다. 그러나 간디는 완전한 아나키가 이상적이기는 하나 당대 현실에서는 불가능했으므로 어느 정도의 국가 조직은 인정해야 한다고 보았다.

그러나 객관적으로 간디를 아나키스트로 보는 데에는 몇 가지 주의가 필요하다. 간디는 국가의 폭력적 힘에 근거한 것이 아니라 비폭력 행사에 근거한 조직을 통해 각 개인의 협력이 이뤄질 때 아나키즘의 근본적인 목적이 실현된다고 보았다. 비폭력에 근거하는 민주주의란 자발적 연합으로서 발전되는 사회적·정치적 구조를 말한다. 간디는 사회보다 개인을 우선시한다는 점에서 다른 아나키스트와 일치한다. 그러나 간디의 아나키즘은 개인이 사회에 보상 없는 봉사를 해야 한다고 보는 점에서 프루동식 아나키즘과 다르다.

폭력을 긍정하는 아나키즘은 물론 간디의 그것과 다른데, 고드윈이나 톨스토이, 소로, 터커도 간디와 같았다. 그들의 비폭력은 이성에 대한 믿음에 근거한다. 그러나 간디는 그들을 넘어선다. 비폭력이라는 원칙을 행동의 역동적인 기술인 진실관철투쟁으로 변형시켰기 때문이다. 톨스토이의 비폭력은 모든 형태의 힘을 회피하는 것이지 간디와 같은 적극적인 건설적 운동이 아니었다.

간디는 개인의 노력, 지역개발, 그리고 마을이 중심인 자치활동을 끝없이 강조했고 그것을 실현했다. 이 점도 창조적인 사회조직의 대안을 제공하는 데 실패한 아나키즘에 비해 간디가 성공한 점이다. 그중에서도 특히 손 물레를 이용한 카디 생산의 보급이 가장 중요하다. 간디는 그것이 인도의 경제를 구제하며 민족주의 운동의 심리적·정치적 문제까지 해결한다고 믿었다.

간디는 중앙집권적인 산업을 부정했다. 프루동과 크로폿킨이 매료된 러시아의 원시공동체(mir)는 인도의 마을과 유사했다. 자급자족할 수 있는 마을공동체는 간디가 구상한 경제 재건의 기본이었다. 그러나 간디는 마을을 기본으로 한 국가의 위계질서를 인정한 점에서 다른 아나키스트와는 달랐다. 또한 국민 복리를 증진시키는 국가의 행위를 긍정한 점에서도 달랐다. 물론 그는 가장 적게 통치하는 정부가 가장 좋은 정부라고 생각했으나 정치의 힘 없이는 실현될 수 없는 일도 있다고 보았다.

간디에게 국가는 미리 없어져야 하는 것이 아니라 비폭력적인 직접 행동으로써 정부를 대신하는 새로운 공공봉사 기관이 생긴 다고 보았다. 실제로 인도의 독립운동 기간에 그런 일이 벌어졌다.

인간은 진실을 추구할 뿐

이 세상에 진실은 있는가? 간디는 있 다고 생각한다. 나 역시도 같은 생각이다. 누구나 있다고 생각한 다. 그것이 없다면 우리가 무엇 때문에, 어떻게, 왜 살겠는가? 그러 나 '신이 있는가'라는 물음에는 답이 달라진다. 유신론자도 있고 무신론자도 있기 때문이다. 간디는 유신론자였다. 그는 신이 있다 고 믿었다. 그러나 신은 바로 진실이라고 말했다. 그리고 그 점에 서 진실을 믿는 무신론자도 종교인이라고 했다.

간디는 '진실은 신'이라고 말한다. '신은 진실'이 아니라 '진실이 신'이라고 말한다. 중요한 것은 신이 아니라 진실이다. 그러나 진실 이 무엇인지 인간은 알 수 없다. 인간은 신이 아니기 때문이다. 진 실은 신만이 안다. 인간은 진실을 추구할 뿐이다.

간디에게 신은 어떤 절대적인 원리인 진리이거나 진실이다. 구체적으로 존재하는 것이 아니다. 이런 진실이나 진리라는 개념은 유신론자든 무신론자든 인정한다. 따라서 간디는 진실을 신으로 믿는 유신론자이나, 진실 외의 것으로 신봉되는 신을 신봉하지 않는 점에서 무신론자이기도 하다. 그는 진실을 추구하는 인간, 진실 추구자일 뿐이다.

인간이 할 수 있는 것은 진실의 추구, 곧 진실에 가까이 가는 것뿐이다. 그것을 간디는 사랑이라고 한다.

> 사랑의 법칙은 세계를 지배한다. 생명은 죽음의 얼굴 속에서 지속된다. 우주는 파괴에도 불구하고 끊임없이 계속된다. 진리는 비진리를 누르고 사랑은 증오를 정복한다.《영 인디아》1924. 12. 26)

그리고 사랑을 아힘사, 곧 비폭력이라고 한다. 따라서 그것은 실제적인 문제다. 실제적인 문제에 관여하지 않고 그 해결에 도움이 되지 않는 종교는 종교가 아니다. 간디는 동굴의 성자나 서재의 철인을 진실 추구자가 아니라고 생각했다. 진실 추구자는 세상에 몸을 던지고 현실에 등을 돌리지 않아야 한다.

그래서 어떤 수행자가 간디에게 출가해서 동굴에 숨어 명상생활을 하라고 권하자, 그는 "그렇게 할 필요는 없다. 왜냐하면 나는 언제나 동굴을 짊어지고 걷기 때문이다"라고 답했다. 그의 걸음은 바로 비폭력의 실천을 말한다. 그에게 종교란 언제나 행동이자 실천이다.

간디는 종교를 비합리적, 또는 초합리적인 존재에 대한 귀의라고 생각하지 않았다. 도리어 이성, 도덕, 사랑에 호소하지 않는 종교를 유해하다고 보았다. 특히 배타적인 교의주의나 종파주의, 종교라는 미명하에 횡행하는 비인도적이고 비과학적인 인습이나 미신을 종교가 아니라고 생각했다. 그의 종교란 절대적인 가치인 진실에 대한 탐구일 뿐이었다.

간디의 '진실의 신'은 천국에 있는 것이 아니라 지상의 모든 존재 속에 있다. 따라서 인간만을 신의 아들이라고 하는 서양 기독교의 인간 중심주의적인 전통과는 다르다. 곧 인간만이 아니라 자연에도 신이 있다. 우리는 이런 생각을 원시적이라고도 한다. 그러나 오늘의 생태문제를 생각하면 도리어 가장 현대적인 생각이라고 할 수 있다.

진실은 폭력을 거부한다. 폭력은 진실이 아니기 때문이다. 진실의 법에 어긋나는 세속의 법을 모두 거부한다. 그것도 진실이 아니기 때문이다. 또한 정부나 군대만이 아니라 법원, 학교, 병원 등 모든 행정 활동에도 협력하지 않는 것이다. 여기서 주의할 점은 그것들이 식민지 지배국의 행정 활동이어서가 아니라 그 자체가 진실을 구현하는 것이 아니기 때문에 거부되었다고 하는 점이다. 비폭력의 거부는 인간성에 대한 모독이다. 그것은 인류의 법이기 때문이다.

곧 간디는 권력 자체를 폭력으로써 거부한다. 자신을 지배하는 권력을 거부함과 동시에 자신의 권력도 부정한다. 따라서 간디는 자신의 신념을 교의로 하는 어떤 조직, 정당, 교단도 거부했다. 그는 인도 독립의 아버지라고 불렸으면서도 어떤 정치적 지위도 거부했고 독립 축하장소에 참석하는 것조차 거부했다. 당연히 간디주의라고 하는 것도 거부했다. 이러한 점에서 간디는 아나키스트였다. 그는 인간의 자유와 자치, 그리고 자연과의 공존을 믿었다. 그는 단순히 인도 독립의 아버지라는 정치가에 그치지 않았다.

간디는 언제나 정치와 종교의 일치, 정치와 일상생활의 일치를 주장했다. 그러나 전자는 정교일치 따위와 같이 오해해서는 안 된다. 그는 종교를 믿듯이 정치가 이루어져야 한다고 주장한 것에 불과하다. 그리고 후자도 같은 의미다.

간디는 식민지 당국의 정치적 개혁에는 관심이 없었다. 그래서 개헌운동에도 반대했다. 도리어 개혁을 핑계로 지배를 강화하기 때문이었다. 그런 예인 1919년의 롤라트법에 대해 간디는 그것이 자유의 원칙에 위배되고 공동체와 국가 안전의 근거인 개인의 인권을 파괴하는 것이라고 반대해, 처음으로 전국적 시위운동의 지도자로 등장하게 되었다.

영국의 식민지 지배는 일본처럼 가혹하고 무지한 것은 아니었다. 1906년 간디는 그것을 "강력한 통제력을 행사하지만 자율적인 정치체제를 지향하는 편"이라고 보았다. 예를 들어 지방행정 당국에 대한 여론이 언제나 비판적이었다고 하면서 지방행정은 주민들을 위한 민주주의 훈련장이므로 주민들은 반드시 적법한 절차를 거쳐 비판해야 한다고 주장했다.(《인디언 오피니언》 1906. 6. 16) 그 당시 간디는 그의 스승인 고칼레와 함께 온건파였으나 1906년 민족회의는 온건파와 과격파의 대립으로 파국을 맞았다.

간디의 비폭력주의는 서양의 수입품인 테러리즘에 대한 실질적인 대안으로 다음과 같이 제안된다.

> 자기 자신을 테러한 후에 그 내면으로 스며드십시오. 그리고 그것을 발견한 장소에서는 모든 수단을 동원해 그 압제에 저항하십시오. 모든 수단을 동원해 여러분의 자유를 지키십시오. 그러나 압제자의 피를 보진 마십시오.(《인디언 오피니언》 1915. 4. 27)

간디는 용기에도 연습이 필요하다고 말한다. 지배자가 악행을 행하면 충고해서 따르게 만드는 용기가 필요하다는 것이다. 그러한 협력 요구의 대상은 총독부만이 아니라 본국 정부도 포함된다.

또한 협력을 요구하는 경우 본국 시민과 대등한 차원이어야 한다.

간디는 인도인의 희망은, 권리가 아닌 의무로 이뤄진 인도의 종교와 같이 의무를 수행해야 이뤄진다고 믿고, 의무와 그 방법에 따른 투쟁에 골몰하면 된다고 주장한다. 이것은 정치 생활과 정치 체제를 정신적 차원으로 바꾸는 것이다. 그리고 간디는 그러한 변혁의 주체를 서양 문화를 전혀 모르는 농촌 사람이라고 보았다.

영원한 청년 간디

간디 사상의 핵심은 비폭력이다. 진실은 비폭력이다. 흔히 비폭력(주의)이라고 번역되는 '아힘사'는 신만큼이나 정의하기 어렵다. 간디의 저서 속에서 아힘사에 대한 체계적인 설명을 찾기란 불가능하다. 사실 그의 저서란 『자서전』과 『인도의 자치』를 제외하면 출판사에서 만든 것들이고, 그 어느 것이나 체계적이지 않다. 간디도 체계적인 논문이나 저서 따위에는 아무런 관심이 없었다. 『자서전』도 전혀 체계적이지 않다. 간디 자신도 아힘사는 신과 같이 완전하게 묘사할 수 없다고 말했다.

산스크리트어 'Ahimsa'의 'a'는 부정 접두사이고 'himsa'는 해로움을 뜻한다. 따라서 말의 뜻을 '해롭지 않음이나 해롭게 하지 않음'으로 이해할 수 있다. 이를 원리로 삼는 종교인 자이나교는 가령 곤충을 밟지 않을지 몰라 자신의 발 앞을 쓸어내는 행위로 유명하다. 그러나 인간이 먹고 마시고 움직이는 것조차 필연적으로 다른 생명의 파괴, 즉 폭력으로 이뤄진다. 따라서 완전한 비폭력이란 있을 수 없다.

비폭력은 모든 존재를 대상으로 한다. 여기서 폭력이란 살상은 물론, 분노, 증오, 악의, 자만심을 가지고 직간접적으로 생물을 고통스럽게 하는 것까지 포함한다. 따라서 개인이나 집단이 자기 욕망을 채우고자 약자를 착취하고 굴욕을 주며 기아에 허덕이게 하는 것도 폭력이다. 따라서 인도를 지배한 영국은 폭력의 주체다. 나아가 모든 권력의 지배는 폭력이다.

폭력에 대한 비폭력은 그러한 폭력을 거부하고 부정하는 것이자 적극적이고 능동적인 투쟁을 뜻한다. 곧 적의 권력 앞에 두 손을 모으고서 불평이나 불만을 말해, 상대방의 자비를 구하는 소극적이고 수동적인 무저항주의가 아니다. 그것은 사랑과 자기희생으로 상대방을 자각시킨다는 것이다. 따라서 비폭력은 엄청난 수난과 인내를 요구한다. 결국 이것은 이론이나 원리가 아니라 실천과 행동의 문제다. 간디는 행동하는 사람이었지 이론가나 사상가, 철학자가 아니었다.

간디는 스스로 사상가로 불리는 것을 거부했다. 어떤 체계적인 사상을 세우고자 노력하지도 않았다. 그런 종류의 책을 쓴 적도 없다. 그가 남긴 것은 연설이나 신문의 글, 대담 등이다. 그것들은 항상 중복되고 즉흥적이며 심지어 모순을 보이기도 한다.

간디 스스로도 그런 점을 충분히 알고 있었고 도리어 그 점을 당연하다고도 생각했다. 그리고 처음부터 일관성을 부정했다. 그는 진리탐구자로서 늙어 죽을 때까지도 많은 생각을 버리고 새로 배우는 것이 당연하다고 생각했다. 그래서 나는 그를 영원한 청년이라고 부른다.

진실을 위한 신뢰

간디는 언제나 진실한 인간의 모범이었다. 그는 인간으로서 자신의 진실을 추구했다. 그의 삶은 그의 자서전 제목처럼 '진실의 추구'였다. 'truth'를 우리는 '진리'라고 번역하기도 하지만 '진실'에 가깝다. 진실을 찾는 인간은 스스로 진실하지 못하다고 느끼기 때문에 진실을 추구한다. 스스로는 항상 진실하지 못하다고 느낀다. 간디도 마찬가지였다. 따라서 태어나면서부터 또는 언제부터라도 자신은 진실하다고 자부하는 인간은 간디를 알 필요도, 이 책을 읽을 필요도 없다. 간디는 눈을 감는 79세 때까지 줄곧 진실하지 못하다고 느끼며 진실을 추구했다. 그렇기에 간디는 우리에게 감동을 준다. 처음부터 완벽한 인간이야 우리와,

아니 적어도 나와는 무관하다.

진실한 리더는 무엇보다도 정직해야 한다. 정직은 그저 소극적으로 나쁜 짓을 하지 않는 것에 그치는 것이 아니라 적극적으로 올바른 일을 하는 것을 말한다. 남에게 해가 되는 거짓말을 하지 않는 것만이 아니라 바르게 생각하고 말해 사람들을 배려하고 지역에 도움되는 일을 해 남에게 모범이 되는 것이다.

거짓말은 폭력의 모체다. 진실된 사람은 폭력에 오래 머무르지 않는다. 그는 그가 추구하는 과정에서 폭력이 필요 없다는 것을 인식하며, 그에게 조금이라도 폭력의 흔적이 있는 한 그는 그가 추구하는 진실을 찾지 못하리라는 것을 더욱 알게 된다.《영 인디아》1925. 5. 20)

따라서 리더는 스스로 윤리규범을 지켜야 한다. 이는 개인적인 태도에서부터 출발한다. 가령 타인이나 자신에게 유익하지 않은 말을 하지 않고 쓸데없는 말을 삼가는 것이다. 또 간디처럼 절제를 중시해 과식과 과음을 하지 않는 것이다. 나아가 간디는 몸과 의복, 주변을 불경하게 하지도 않았다. 잠자리를 절제하되 건강과 자손을 위해서만 가졌다. 자신과 남의 평안이나, 명성을 흐리고 해를 끼칠 잠자리는 절대로 갖지 않았다. 또한 리더는 규율이 있어야 한다. 할 일은 반드시 제때에 하고 모든 물건을 제자리에 놓는다.

또한 리더는 누구에게나 겸손해야 한다. 그리고 누구에게나 있는 그대로 보여 줘야 한다. 누구든 실수는 한다. 실수를 두려워하거나 숨겨서는 안 된다. 도리어 놀림감이 될 줄 아는 리더가 되어야 한다.

그러나 무엇보다도 리더는 정의로워야 한다. 남에게 피해를 주거나 자신이 마땅히 해야 할 일을 소홀히 하면 안 된다. 특히 리더는 공정하고 중용을 지켜야 한다. 양극단을 피하고 언제나 분노하지 않아야 한다. 나아가 리더는 평온해야 한다. 사소한 일이나 단순한 사고, 부득이한 일에 마음이 흔들리지 않아야 한다.

특히 리더는 결과를 걱정하지 않아야 한다. 간디는 결과를 걱정하는 일이 우리의 일이 아니고 "그것이 옳은 일인지 아닌지만 생각하면 된다"고 했다. 동기가 순수하고 수단이 옳기만 하다면, 바라는 대로 행동의 결과가 나오는지 그렇지 않은지에 대해서는 염려하지 말라고 했다. 진실로, 수단에 마음을 기울이고 결과를 하느님께 맡긴다면 그 일들은 잘되게 마련이라고 믿었다.

리더가 진실하기 위해서는 무엇보다도 비밀이 없어야 한다. "내게 비밀의 방법은 없다. 나는 참의 방법 이외에 권모술수를 모른다. 내겐 비폭력 외에 다른 무기가 없다.(《영 인디아》 1924. 12. 11)" 간디는 비밀이란 죄악이고 폭력의 조짐이라고 했다. 『자서전』에서 그는 보통사람이라면 숨기고 싶은 비밀을 모두 솔직하게 털어놓았다. 첫 대목에서 그는 "꼭 해야 할 이야기라면 그것이 아무리 추악한 것이라도 나는 숨기거나 줄이려고 하지 않았고 나는 나의 모든 단점과 잘못을 독자들에게 모두 알리고 싶다"고 했다. 그리고 『자서전』 마지막에서 "1921년 후로 나의 생활은 공적으로 되어 인민이 모르는 것은 아무것도 없게 되었으므로 이제 이 책을 끝내야 할 때가 왔다"고 했다.

간디에게는 감추어야 할 것이 아무것도 없었다. 생각도, 행위도, 자산도, 사랑도, 인간관계도, 자기 집도. 그는 하루의 모든 생활을 공개했다. 누구나 그의 집을 자유롭게 드나들었다. 진실관철 운동을 포함해 그의 모든 투쟁도 미리 공개되었다. 영국법을 어긴다는 것을 미리 총독부에 통보했다. 그 위반 행위에 참여하는 사람들의 이름도 미리 공개해 경찰이 쉽게 체포하도록 했다. 어떤 반론이 예상되는 경우라고 해도 자신의 생각을 솔직히 밝혔다. 그 누구도, 무엇도 두려워하지 않았다. 따라서 언제나 당당했다.

이러한 간디의 태도를 리더의 일반적인 태도로 주장하기란 쉽지 않다. 정치나 기업은 비밀 없이 유지되기 힘들다. 그러나 비밀은 신뢰의 적이다. 가능한 한 많은 비밀사항을 공개한다면 정치가는 국민에게 신뢰를 얻고, 경영인도 종업원으로부터 믿음을 얻을 수 있다. 그런 믿음은 동반자라는 느낌을 줄 것이다. 그러면 특히 기업에서는 종업원이 새로운 아이디어를 개발하기 위해 노력하고 열심히 일해 경쟁력의 우위를 달성할 수 있다.

최근에는 행정이나 경영에서 비밀을 공개하는 경향이 늘어나고 있다. 이전에는 시민의 건강과 안전이나 환경문제와 관련되어 사회적 관심보다 단기적인 기업의 이익을 위한 비밀주의가 관행처럼 굳어져 왔다. 그러나 이제는 그럴 수 없다. 기업 내부의 승진이나 임금을 비롯한 인사제도도 마찬가지다. 그 경우에도 비밀주의를 줄이고 공개주의로 전환해야 한다. 관계를 유지하는 가장 중요한 요소는 신뢰다. 간디는 신뢰를 믿었다.

> 나는 신뢰를 믿는다. 신뢰는 신뢰를 낳는다. 의심은 고약한 냄새를 풍길 뿐이다. 신뢰하는 사람은 세상에서 손해 볼 것이 없지만 의심이 많은 사람은 자신과 세상에 손해를 입힌다. 의심은 폭력을 낳고 비폭력은 신뢰하지 않을 수 없다.《영 인디아》 1925. 6. 4)

내겐 아무 비밀이 없다

간디는 그것을 "감추는 것은 다만 우리를 손상시킬 뿐"이라고 하며 가정의 모든 비밀도 털어놓았다. 간디와 장남 하릴랄의 사이는 하릴랄이 10대 후반일 때부터 파탄되었다. 하릴랄이 1888년생이니 이미 1900년대 초였다. 하릴랄은 당시 간디가 살던 남아프리카를 떠나 인도로 와서 아버지가 반대한 결혼, 그리고 재혼을 했다. 1924년 간디는 《영 인디아》에 하릴랄에게 사기당한 사람의 편지를 싣고 다음과 같은 자신의 답도 덧붙였다.

> 그 아이와 내 이상이 다르다는 것이 확인된 것은 15년도 넘은 일이며, 그후로 우리는 따로 살고 있고 나는 직접적으로든 간접적으로든 그 아이를 도운 일이 없습니다. 아들이 열여섯 살이 넘으면 친구이자 동등한 사람으로 대접해야 한다는 것이 나의 변함없는 원칙이었습니다. 나는 하릴랄의 일을 모릅니다. 가끔 그 아이가 나를 만나러 오기는 하지만, 한 번도 그 아이 일을 캐물은 적이 없습니다. … 이분의 예가 거래에서 명사의 이름에 현혹되어 피해를 보는 사람들에게 경고가 되기를 바랍니다. 어떤 사람이 선하다고 해서 그 자식까지 선하란 법은 없습니다.

하릴랄이 이미 36세의 성인이니 간디가 그에 대한 책임을 질 필요는 물론 없었다. 그러나 아버지로서의 도덕적 책임이 전혀 없다고는 볼 수 없을지 모른다. 특히 그 사기의 피해자는 간디에 대한 존경심 때문에 하릴랄의 권유를 받아들였다. 그러나 간디는 냉정하게 하릴랄을 자신의 자식이 아니라고 선언했다. 이는 사기 사건에 대한 어떤 책임도 지지 않고 싶어서가 아니다. 간디가 말하듯이 이미 십수 년 전부터 그런 태도를 취한 것이기 때문이다.

1936년 하릴랄이 이슬람교로 개종하자 간디는 이를 비난하는 글을 《하리잔》에 싣기도 했다. 하릴랄은 40여 년간 알코올 중독에 시달리다가 결핵에 걸려, 1948년 간디가 죽은 지 몇 달 뒤 숨을 거뒀다.

한편 간디는 자신의 아버지에 대해 『자서전』에서 "그는 육체적 쾌락에 어느 정도는 빠진 것 같다. 40세가 넘어 네 번째 결혼을 했기 때문이다"라고 했다. 간디가 태어날 때 아버지는 47세, 어머니는 25세였다. 간디가 육체적 쾌락을 혐오한 것은 아버지에 대한 반발 내지 오이디푸스콤플렉스라고 보는 설명이 있다. 간디의 금욕 주장을 그의 비폭력 내지 진실관철투쟁의 근본이라는 점에서 보면, 간디 사상과 행동의 모든 것을 아버지에 대한 반발로 볼 수 있다. 그리고 그것이 그의 아버지와 유사한 행동을 보인 아들에 대한 반발로 이어졌다고 볼 수도 있다. 나아가 그의 아버지에 대한 반발은 인도 지배층 내지 영국 지배층에 대한 반발, 그리고 아들에 대한 반발은 무지하고 폭력적인 인도인민 내지 인도 청년층에 대한 반발일 수도 있다.

여하튼 이는 부자나 형제간의 이상 대립으로 인한 갈등 때문에 그 이상을 버리지 않을 수 없는 한국적인 현상, 즉 효도나 형제애나 집안 꾸림이나 각종 연줄로 얽힌 폐쇄성을 갖는 우리 사회에서 하나의 좋은 본보기를 제공해 준다고 생각한다. 자기의 이상에 충실하고자 하면 그것에 어긋나는 모든 연줄을 끊어야 한다. 반대로 그 연줄을 지키고자 하면 그것에 어긋나는 이상을 버려야 한다. 물론 자신의 연줄이 자신의 이상에 합치되면 정말 이상적이겠지만 그것이 정말 그런지, 아니면 그런 것처럼 꾸미고 사는 것인지 냉정하게 따져볼 필요가 있다.

간디가 살았던 인도 못지않게 한국이 연줄사회라는 것은 부정할 수 없다. 어느 나라에나 연줄은 존재한다. 하지만 연줄이 아직도 사회를 움직이는 가장 중요한 세력으로 작용하는 나라는 한국일 것이다. 과거 가난하면서도 인구밀도가 높은 나라에서 살아남기 위해 누구나 연줄을 동원하는 것은 이해가 안 되는 바 아니다. 그러나 지금은 그런 집단적 이기주의로 민주주의는 물론 개별 인간의 존엄성이나 인권 보장, 나라의 방위도 불가능하다. 19세기 말에 나라가 망한 것도 연줄 때문이고 20세기 중반에 나라가 분단된 것도, 21세기인 현재 양극화가 극단적인 것도 연줄 때문이다.

간디는 욕심을 억제하고 진실을 추구하는 개인의 자립 없이는 인도의 자치가 불가능하다고 주장했다. 그에게 진실이란 욕심의 억제, 특히 자본주의적 소유욕구의 억제다. 따라서 영국으로부터의 독립 자치는 그러한 소유욕구의 억제, 자본주의 부정으로서만 가능하다. 그것이 간디의 진실이고, 그의 전부다.

함께 사는 길이어야

비폭력의 목표는 평화다. 이는 다원주의 속에서 모든 상이한 존재들의 조화와 공존을 인정하는 것이다. 동시에 이는 적을 변화시키는 것을 뜻한다. 진실관철운동의 핵심은 적을 변화시키는 것이다.

간디는 싸울 때 적을 지적으로 압도하려고 하지 않았다. 간디는 적을 형제로, 함께 진리를 추구하는 동지로 변하게 만들었다. … 간디는 항상 상대방에게서 그의 최상을 끌어냈다. 간디는 자기가 가진 수단을 상대방으로 하여금 스스로 최상의 능력을 발휘하고 발전시켜 나날이 힘과 명망을 높이도록 만드는 데 이용했다.

그렇게 하는 간디의 방법은 좋은 의도만을 갖고, 자신의 뜻을 적이 깨닫도록 설득하며, 인내를 가지고 대화하고, 그 과정에서 자신의 결함들을 발견해내게 하는 것이다. 따라서 처음에도 생각하고 중간 과정에서도 생각하며 마지막에도 생각하는 것이 필수불가결하다. 사고를 믿는 것이 진실관철운동의 힘이고, 그 누구에게도 악의를 갖지 않는 것이 진실관철운동의 닻이다.

진실관철운동은 위협이나 협박이 아니다. 따라서 단식을 강제의 방법으로 사용하면 이는 진실관철운동이 아니라 사악함이다.

적대감은 적대감으로 극복할 수 없다. 분노는 분노를 버림으로써 정복되어야 한다. 따라서 리더는 함께 사는 길을 모색해야 한다. 우리는 누구에게도 이 나라에서 물러가라고 말할 수 없다.

간디의 보편적 원리는 진실과 비폭력이다. 진실이란 생각이나 행동이 모두 진실해야 한다는 것이다. 비폭력이란 단순히 폭력을 거부하는 것이 아니라 인류에 대한 적극적 사랑을 뜻한다. 즉, 모든 사람을 자신처럼 대한다는 것이다. 폭력은 허위와 기만, 차별과 빈곤을 포함한 모든 착취도 포함하므로 비폭력은 그런 착취에 반대하는 것이다.

따라서 정치나 기업 차원에서의 허위와 기만, 차별과 빈곤을 포함한 모든 착취는 진실에 어긋난다. 정치인은 정책의 문제점, 기업인은 상품의 문제점에 대한 모든 정보를 공개하고 시민과 토론하고 과오가 있으면 정직하게 인정해야 할 도덕적 의무를 진다. 환경오염을 비롯한 소비자에게 피해를 초래하는 상품이나 상거래, 소득 격차를 초래하는 정책은 포기되어야 한다.

보편적 원리는 절대적 가치임을 주장하는 배타적이고 차별적인 이데올로기와는 구별되어야 한다. 국익, 애국심, 집단에 대한 충성, 민족주의, 인종주의, 자본주의, 자유시장주의, 사회주의, 조직주의 등이 그런 것들이다. 종교적 교의, 전통, 사회적 관습에 근거한 소수 민족이나 종교적 소수파, 사상적 소수자, 여성이나 장애인이나 아동 등에 대한 모든 차별도 마찬가지다.

간디가 주장한 보편적 복지(Sarvodaya) 사상의 토대는 비이원론(非二元論)이다. 개인과 사회에 좋은 것 사이에는 갈등이 있을 수 없다. 진보는 모든 것의 진보를 뜻한다. 한 사람의 이익이 다른 사람의 손해가 될 수 없다. 우리는 서로 연결되어 있어서 사적인 세계는 존재하지 않는다. 인간을 순수한 의미의 개인으로 보는 것은 환상이다.

보편적 복지는 분리될 수 없는 삶의 일치를 표방하고 삶을 구분하지 않는다. 개인의 삶 대 사회, 세속적인 것과 종교적인 것 등을 구분하지 않는다. 유일한 진리는 개인에게 좋은 것은 사회에도 좋아야 한다는 것이다. 이해 사이에 진정한 갈등은 없다. 온전하다면 이해의 차이가 있을 수 없다.

간디는 이를 러스킨의 책으로부터 배웠다. 그리고 즉각 실천해 공동체를 만들었다. 이처럼 실천 없는 진실은 있을 수 없다. 간디는 모든 진실을 과감하고도 결연한 행동으로 실천했다. 그리고 진실이기에 용기와 열정을 가지고 헌신했다.

앞에서 언급한 피터 드러커는 자본주의에서 자본을 제거하기 위해 평생 노력한 사람이다. 자본에 지배되고 자본의 노예가 되어서는 안 되고 분배와 공유를 위해 노력해야 한다는 사명을 그의 경영 철학, 리더 철학으로 삼았다. 간디는 자본과 노동의 공존을 주장하면서도 자본주의의 지배를 부정한 점에서 드러커와 생각이 달랐지만 자본의 노예가 되어서는 안 된다는 점에서는 동일했다.

최고의 덕목은 '용기'

앞에서 간디가 리더로서 탄생한 계기가 남아프리카에서 기차에서 쫓겨난 사건이었다고 했다. 그것을 도덕적인 용기라고도 볼 수 있지만 나는 그전에 주체성의 자각이라고 보았다. 내가 가장 좋아하는 간디의 다음 말은 '자존', 즉 주체성을 무엇보다도 중요하다고 본 것이다.

> 인간은 빵만으로 살 수 없다. 많은 사람들은 음식보다 자존을 우선시한다.

이 말은 J. S. 밀이 '배부른 돼지보다는 굶주린 소크라테스가 되고 싶다'고 한 말을 연상케 하지만 그 뜻은 반드시 같지 않다. 소크라테스가 굶주렸는지도 의문이다. 자존에 대한 간디의 말은 그 밖에도 많다.

> 폭력의 위협이나 실제 사용에 복종함은 인간의 자존과 종교적 확신을

포기하는 것이다.

만일 우리가 강하고 자존하며 공포를 이긴다면 외국 지배자는 해악에 무력해진다.

세계 역사는 자신, 용기, 끈기라는 단순한 힘으로 리더십을 세운 사람들의 일로 가득하다.

자존과 명예는 타인에 의해 보호될 수 없다. 그것을 지키는 것은 각 개인 자신이다.

간디의 관심은 언제나 개인에 있었다. 간디 자신의 삶이 개인이 사회에서 담당할 수 있는 역할에 대한 가장 분명한 보기다. 세상의 그 무엇도 한 개인에게 그의 의지에 반하는 어떤 일을 하게 할 수 없음을 그는 보여 주었다. 그리고 그러한 원리를 옹호했다.

개인이 고려되지 않는다면 사회는 어떻게 되겠는가? 개인적 자유만이 사람들로 하여금 자발적으로 사회를 위해 봉사하는 데 완전히 투신하게 한다. 만일 자유가 인간으로부터 강탈된다면, 인간은 자동인형이 되고 사회는 파멸하게 될 것이다. 개인의 자유를 부정하고는 어떤 사회도 건설될 수 없다.《하리잔》 1942. 2. 1)

그러나 간디는 자존에 근거한 개인의 자유를 절대적인 것으로 주장하지는 않았다. 그는 인간이 사회적 존재라는 이유에서 갖는 윤리와 비폭력 기준이 자유를 제한하고 있음을 강조했다. 그리고 주체적인 리더는 용기를 가져야 한다. 간디는 언제나 용기를 중시하고 비겁을 경멸했다.

인간의 존엄은 자신을 지키기 위한 용기를 요구한다.

간디는 "비겁한 사람들 사이, 또는 비겁한 사람과 용기 있는 사람 사이에는 우정이 있을 수 없다"고 했다. 그는 인도인에게 가장 결여된 것, 영국에 의한 식민지 지배가 초래한 가장 치명적인 결점이 용기의 부족이라고 보았다. 그래서 일부러 전쟁에도 참여했다. 간디는 "용기란 남성의 독점물이 아니고" "육체의 특성이 아니라 영혼의 특성"이라고 했다.

우리에게는 전장에서의 용기가 불가능하다. 그러나 영혼의 용기는 여전히 우리에게 열려 있다.

용기는 난관을 극복하고 불가능하게 보이는 일도 힘을 내서 해낼 수 있도록 하는 내적인 담력이다. 결과에 대한 확신이 없어도

시도해 보는 것이 용기다. 타인이 뒤로 숨기에 급급할 때 당당하게 나서서 맞서는 것이 용기다. 두려워하지 않고 가능성을 믿고 사는 자세다. 이는 허세나 만용과 다르다. 떠는 것은 당연하다. 그러면서 과감하게 도전하는 것이 용기다.

간디는 그가 주장한 비폭력, 즉 불살생(ahimsa)이 "보복 없이 고난을 겪으며, 도망치지 않고 불행을 받아들이는 강함과 용기를 요청한다"고 했다. "아힘사는 용기의 속성이다. 비겁과 아힘사는 물과 불처럼 함께할 수 없다" "아힘사는 최고의 이상이다. 이는 용기 있는 사람의 것이지 비겁한 사람의 것이 아니다" "비폭력은 용기의 극단"이라고 했다. 간디에 의하면 비폭력과 비겁함은 상극이다. 비폭력이 최고의 미덕이라면 비겁함은 최고의 악덕이다. 비폭력은 사랑에서 나오고 비겁함은 미움에서 나온다. 비폭력은 언제나 고통을 당하지만 비겁함은 늘 고통을 가한다. 옹근 비폭력은 최고의 용기다.

비폭력은 약자의 무기가 아니다. 그것은 가장 강하고 가장 용기 있는 사람의 무기다.

이러한 용기의 비폭력을 실천할 수 있는 남녀는 외부 침략에 쉽게 맞설 수 있다.

간디가 강조한 최고의 덕목은 용기다. 그는 용기가 모든 교육의 근본이 되어야 한다고 주장했다. 용기는 아무도 두려워하지 않고 아무에게도 두려움을 주지 않는 것을 뜻한다. 자기 자신을 객관적으로 볼 수 있는 능력이 용기다. 아무도 두려워하지 않는 자는 누구도 위협하지 않는다.

인간이란 자기 운명의 창조자

간디는 자신이 기차에서 당한 모욕을 인도인에게 말했다. 그러나 인도인은 그런 모욕쯤은 당연하다고 생각했다. 그러나 그는 최초의 공적인 연설에서 인도인들에게 모든 차별의 철폐를 주장하고 이를 위해 싸웠다. 그런 차별의 부당함을 주장하면서 그는 인도인의 자존심을 세워 주었다. 그 뒤 1920년, 그는 인도에서도 인도인의 단결을 주장하며 다음과 같이 말했다.

그 순간 힌두와 무슬림들은 유럽의 기독교 세력 전체에 대해 연합전선을 전개하고, 영국인들에게 인도가 아무리 약하지만 인도는 자존을 지킬 능력이 여전히 있으며, 인도가 자신의 종교와 자존을 위해 죽을 수 있는 길을 여전히 알고 있노라고 말할 수 있을 것입니다.

간디의 독립 투쟁은 인도인의 자존심을 세워 주는 것에서 출발했다. 그는 이를 위해 지배자인 영국이 인도에 심어 준 열등감을 씻어내려고 노력했다. 이 점이 인도의 다른 리더들과 간디의 차이점이었다. 또한 일제하 조선을 비롯한 다른 식민지 리더들과 간디의 차이점이었다. 특히 일제하 조선의 지식인 중에는 민족적 열등감에 젖었던 사람들이 많았다. 해방 후 한국에서도 마찬가지였다. 민족의 자존심을 짓밟는 리더들이 많았다. 특히 미국이라면 무조건 숭상하는 리더들이 많았다. 나라뿐 아니라 기업이나 단체, 가족에서도 자존은 필요하다. 열등감을 부추겨서는 사람들을 이끌 수 없다.

여기서 주의할 것은 자존을 자만으로 혼동해서는 안 된다는 점이다. 두말할 필요도 없이 인간은 홀로 살아갈 수 없다. 인간은 사회적 동물이다. 따라서 동료에게 의존하지 않고 독립할 수 없다. 만일 그렇게 살아간다면 그는 자부심을 갖고 자만심에 빠지게 되어 부담스럽고 귀찮은 존재가 될 것이다. 인간은 핵심적으로 필요한 대부분을 자기 힘으로 만족시킬 수 있어야 하지만 자기 충족이 자신을 사회로부터 고립시키는 정도가 되면 죄를 짓는 것과 다름없다고 간디는 말했다.

광신적인 과도함은 항상 피해야 할 것이다. '중도'가 왕도다. 자립은 자존과 영적 훈련에 도움이 되는 한, 그리고 도움이 되는 만큼만 필요한 이상이다. 그것이 한계를 넘으면 강박관념과 장애물이 된다. 반면, 상호의존은 자존에 상처를 입히는 일이 아니라면 사람에게 겸허와 신의 전능을 철저히 가르치는 일에 필수적이다. 사람은 이 양극단 사이에서 황금의 중용을 맞춰야 한다. 사리 분별하기를 거부하는 광신주의는 모든 이상들을 부정한다.

또한 주체성을 갖는 인간은 자기 운명에 대한 책임을 진다. 간디는 "인간이란 자기 운명의 창조자"라고 했다.

진실을 완전하게 발견하는 것은 자아와 자기 운명을 실현하고 완전하게 되는 것이다.

우리는 인생의 중대한 전환점을 운명이라고 한다. 이는 천재지변이나 남이 만드는 것이 아니라 스스로 만드는 것이다. 나의 삶을 지배하는 운명이란 없다. 타고나거나 이미 정해진 처지도 없다. 따라서 타고났다거나 피할 수 없는 운명도 없다. 어쩔 수 없는 운명이니 숙명이니 하면서 자기를 밖에 맡기지 마라. 스스로 헤쳐 나가야 한다. 자신의 미래는 자신이 책임진다는 자각적 결심은 언제나 필요하다.

그런 운명적인 순간에 무엇보다도 중요한 것은 자신을 정확하게 알고 자신이 진정으로 원하며 좋아하는 길을 가는 것이다. 그 길이 남들은 잘 가지 않는 특별한 것일수록 여러 가지 위험과 방황이 따를 수 있다. 그러나 일단 선택한 이상 어떤 위험과 모험도 감수해야 한다. 용기가 반드시 필요하다. 실패한다고 해도 밀고 나가야 한다. 실패하면 다시 새로운 길을 찾으면 된다. 창의적인 사람은 누구나 자기가 하는 일을 사랑한다.

위에서 본 남아프리카 사건 이전에도 간디에게는 운명적 결단이 여러 차례 있었다. 그중 하나가 변호사가 되기 위해 영국에 유학한 것이다. 그때도 반대가 있었으나 그는 자신의 길을 갔다. 이는 그가 좋아서 선택한 길이었다.

그러나 항상 좋아하는 일만 할 수 있는 것은 아니다. 간디도 인종차별의 뿌리를 뽑는 일을 좋아서 한 것은 아니다. 그것은 의무였다. 반드시 해야 할 의무이기에 그 길을 갔다. 이는 좋아하는 일을 하는 경우보다 훨씬 큰 용기와 사회적 자각이 필요하다. 그러나 이는 개인적인 경험 없이 추상적으로 얻어질 수 없다. 간디도 자기가 직접 인종차별을 경험함으로써 비로소 그 문제에 대한 사회적 자각을 한 것이다.

인생의 전환점에서 선택을 할 때 개인적인 차원에서 선택한다고 해도 돈을 개입시켜서는 안 된다. 즉, 돈벌이가 더 좋다는 이유로 선택해서는 안 된다. 간디는 평생 그런 적이 없다. 하지만 현대인이라면 돈의 유혹을 뿌리치기 어렵다. 그러나 부자가 되겠다는 생각만으로 자신의 길을 선택해서는 안 되고 하고 싶은 일을 해야 한다. 간디는 평생, 돈을 생각하지 않았다.

이는 경영이란 한마디로 "내가 지금 여기서 무엇에 공헌할 것인가를 생각하는 것"이라고 말한 피터 드러커의 견해를 떠올리게 한다. 사회와 조직에 대한 공헌을 준비하지 않는 자기 계발은 무의미하며 사회적 공헌을 통해서만 참된 자기계발과 조직은 성공할 수 있다. 그리고 리더는 결단력과 실천력이 있어야 한다. 해야 할 일은 반드시 한다. 이를 위해 리더는 열정적이어야 한다. 리더는 근면해야 한다. 시간을 헛되이 쓰지 않아야 한다. 언제나 유익한 일을 하고 불필요한 행동을 하지 않아야 한다.

삶은 한 덩어리의 전체

리더는 자아 탐구와 사회 활동을 일치 내지 조화시켜야 한다. 간디의 삶은 아슈람과 떼어 생각할 수 없을 정도로 아슈람과 연결되었다. 그는 남아프리카에서 최초의 아슈람을 세우고 그 뒤 인도에서 사바르마티와 세바그람에 아슈람을 세웠다. 아슈람은 두 가지를 동시에 실험했다. 하나는 개인의 정신

발전이고 다른 하나는 사회복지였다. 그 둘은 항상 함께였다. 따라서 그것을 나눌 수가 없다.

> 어떤 사람이 어떤 다른 분야에서 나쁜 짓을 하고 있으면서 다른 생활 분야에서 올바른 일을 행할 수는 없다. 삶은 하나의 쪼갤 수 없는 한 덩어리로 된 전체다.(《영 인디아》 1927. 1. 27)

간디는 개인적 덕목은 사회적 목적에 사용하기 위한 것이라고 했다. 즉, 진리와 비폭력과 사랑 등이 성인에게 필요한 것과 마찬가지로 가장들과 사업가들에게도 필요하다고 주장했다. 따라서 우리는 자신이 갖고 있는 모든 자원과 정력을 사회에 바치고, 사회가 줄 수 있는 것을 가능한 한 많이 취해야 한다.

간디는 우리가 소유자가 아니고 우리가 소유하는 것의 수탁자라고 했다. 그는 우리가 물질을 쌓아두는 경향을 버려야 하고, 부자는 부와 권력을 가난한 자들을 섬기기 위해 사용해야 한다고 했다. 그는 부자들이 수탁자 입장에 서서 경영하기를 바랐다. 수탁이란 노동자에게 임금을 더 많이 주는 것으로 끝나지 않는다. 수탁의 이념은 시간이 경과함에 따라 수탁의 필요성도 사라져야 한다는 것이다.

리더는 이중기준을 가져서는 안 된다. 정치와 경영을 비롯한 현실 세계에서는 경쟁이 중시될 뿐 진실은 중시되지 않는다. 그래서 사적 인격의 차원과 다른 이중기준이 적용된다. 그러나 그런 리더는 존경받을 수 없다. 존경받지 못한 리더가 이끄는 사회에는 희망이 없다. 사람들은 무력감에 빠져 냉소적이 되고 영혼은 타락한다. 이중기준에 대해 간디는 다음과 같이 말했다.

> 나는 사람이 어떤 식으로든 도덕 원칙을 깨면 그것이 다른 영역에도 영향을 미친다고 확신한다. 내 경험이 그 믿음을 입증해 주었다. 비도덕적인 사람이 정치나 사업에서 아무 해도 끼치지 않을 수 있다는 생각은 잘못된 생각이다. 직장에서 도덕 원칙을 깬 사람이 개인생활이나 가족생활에서 도덕적일 수 있다는 것도 잘못된 생각이다. 따라서 우리는 나쁜 일을 저지르자마자 계속 나쁜 일을 저지르려는 성향과 싸워야 한다.

이 세상에 존재한 리더 가운데 공적생활과 사적생활에 동일한 행위 규범을 실천한 사람의 모범은 간디다. 그는 리더에게는 행위의 모범을 보일 책임이 있다는 신념을 완벽하게 실천했다. 리더의 정당성을 보장받기 위해서는 이중규범을 버리고 보편적 원리를 추구해야 한다.

변혁 없이는 발전도 없다

정치와 경영의 핵심은 조직이다. 즉, 정치가와 경영인은 조직력이 뛰어나야 한다. 『경영자 간디』의 저자는 간디 조직력의 보기로, 그가 칠순에 가까운 나이에 세바그람이라는 빈촌에서 아슈람을 만들었다. 그래서 주민들로 하여금 식수 관리, 쓰레기 거름 활용, 환자 간호, 위생 개선을 가능하게 하고 주민들이 절제되고 근면한 삶을 살게 한 것을 들었다.

그러나 간디는 조직에 대해 의식적인 노력을 했다기보다도 도리어 조직을 무시했다고 봄이 옳고 아슈람이나 다른 공동체를 만들어 조직적인 운동을 한 것은 그의 공공성이 자연스럽게 드러난 결과에 불과했다. 따라서 중요한 것은 조직의 원리다. 조직을 만드는 데는 두 가지 방식이 있다. 하나는 외부로부터 규율을 부여하는 것이고, 다른 하나는 사랑으로 감동받게 하는 것이다. 외부에서 규율을 부여해 결성되는 조직은 자연스러움이 없으므로 강제적이고 폭력적이다. 반면 비폭력적인 방법은 강한 조직을 만들 수 있다.

그러나 동시에 리더는 고독해야 한다. 간디는 타고르가 쓴 다음 시를 애송했다.

그들이 너의 부름에 답하지 않으면, 혼자 걸어라.

그들이 무서워하며 몰래 얼굴을 벽에 대고 숨으면,

오, 불운한 자여,

너의 정신을 열고, 크고 높은 소리로 말하라.

흔히들 간디를 이상주의자의 전형이라고 하지만 나는 간디를 대단히 현실주의적이고 실용주의적, 행동주의적, 경험주의적, 과학주의적인 사람으로 본다. 그는 어떤 의미에서도 독서주의자나 관념주의자, 이론주의자, 신비주의자가 아니다. 그런 의미에서 그는 인도의 전통과 담을 쌓았다. 특히 인도의 힌두교 전통과는 무관했다. 나는 그가 힌두교를 숭배하지 않았다고 본다. 그는 인도를 독립시키기 위해 필요한 힌두교에 대해 말했을 뿐이다. 그는 자신이 경험하지 않은 것은 말하지 않았다.

또한 리더는 구체적으로 꿈을 꾸어야 한다. 마틴 루터 킹은 "내게는 꿈이 있다"는 말로 유명하다. 평생 간디를 존경해 그의 길을 따른 킹이 "내겐 정치 프로그램이나 비즈니스 프로그램이 있다"고 한 적이 없다. 목사로서 '포교 프로그램'이 있다고 한 적도 없다. 그 꿈은 인류의 자유와 평등을 이루는 꿈이었다. 간디는 꿈이 있다고 한 적은 없지만 평생 자유와 평등의 꿈을 꾸었다. 그리고 간디는 언제나 낙관적이었다. 믿음의 눈으로 세상을 보았기 때문이다. 리더는 언제나 낙관해야 한다.

꿈은 비전이다. 비전이란 앞을 내다보고 가능성을 볼 줄 아는 능력이다. 그러나 이는 추상적인 이상의 꿈을 말하는 것이 아니라 그 꿈과 자신의 행동을 일치시켜야 하는 것이다. 이를 위해 비전은 명백한 초점을 지녀 현실적으로 가능해야 한다. 초점이 맞춰진 구체적인 비전이 없으면 그냥 갈팡질팡할 뿐이다. 비전은 현실에 뿌리박아야 미래를 비춰 줄 수 있다.

비전은 사회적인 공감대를 갖고 사람들에게 희망을 주는 것이어야 사람들을 끌어모을 수 있다. 비전은 카리스마보다 힘이 세다. 사람들을 창조적이고 열정적으로 영감을 갖게 하고 생산적으로 만들기 때문이다.

리더는 상상력을 가져야 한다. 비전을 갖기 위해서는 세상만사에 끊임없는 호기심을 가져야 하고 지금과 다른 세상을 생각할 줄 알아야 한다. 그러나 거창한 꿈만이 변화를 낳는 것이 아니다. 꿈이 거창하다고 해서 반드시 좋은 것은 아니다. 우리의 오랜 꿈은 급성장이었다. 그러나 급격한 성장은 지속되기 어렵다.

비전은 큰 변화에 의해서만 이루어지지 않는다. 변화를 야기하는 것도 중요하지만 크고 작은 변화가 동시에 일어나도록 하고, 그 사이에서 균형을 취하는 것은 더 중요하다. 홈런도 필요하지만 안타도 득점에 반드시 필요하다. 거대한 성공은 작은 성공들의 연속과 집적으로 이루어진다. 그래야 삶을 계속할 동기가 생긴다.

그리고 리더는 변혁을 두려워해서는 안 된다. 리더는 자신이 하는 일과 목표의 진정한 의미를 알아야 한다. 전통도 굳어지면 나쁘다는 사실을 알아야 한다. 기업도 국가도 변혁 없이, 모험 없이 발전할 수 없다.

간디는 언제나 진화 중

간디는 항상 진화했다. 그는 진리를 매일 새롭게 발견했다. 그는 상황을 이해하고 더 높이 발전해 나갈 수 있는 능력이 있었다. 가령 간디는 민족의상을 입기도 했으나 곧 머리에 터번을 두르는 것이 의미가 없다고 생각했다. 그래서 터번을 벗고 모자를 썼다. 나중에는 모자를 벗기도 했다. 그는 모든 문제에서 이 같은 변화를 보였다.

전쟁에서도 마찬가지였다. 1906년 그는 줄루전쟁을 위해 구급대를 조직했다. 활력을 잃은 인도인이 군대에 가면 용기를 얻고 인도인의 목소리도 힘을 얻으리라고 생각해서였다. 그러나 구자라트에서 단 한 명도 지원하지 않자, 그는 경건을 가르친 비슈누교와 비폭력을 가르친 자이나교는 구자라트를 파멸시키는 원흉이고, 경건과 비폭력은 쓸데없는 것이라고 했다. 그러나 2차 세계대전 때에는 영국이 인도의 독립에 동의한다면 사람이나 돈이 아니라 도덕적인 후원을 보내는 것에 그쳐야 한다고 주장했다. 그러다 1947년 카슈미르 문제가 터지자 간디는 네루에게 군대를 파견해야 한다고 주장했다. 간디는 군대로 들어가는 비용을 절반으로 줄이자고 주장했다.

간디를 상징하는 물레는 간디가 마치 농경사회로 돌아가자고 주장한 것처럼 오해하게 만드는 역할을 하지만, 간디는 당시의 인도 농민에게 물레가 그들의 삶을 개선하는 가장 효과적인 도구라고 생각했기 때문에 물레를 추천했을 뿐이다. 명실공히 간디의 후계자인 비노바 바베는 '자아실현의 시간'을 확보하기 위한 도구 개선의 필요성, 가령 전기나 핵에너지를 사용한 기계의 필요성을 인정했다. 나아가 마을이 농사만으로는 생존할 수 없으므로 기본적인 필요를 충당할 수 있고, 경제적 착취로부터 해방되어 자립하기 위해 산업을 스스로 발전시켜야 한다고 주장했다.

따라서 실용성은 리더가 깊이 사색하고 끊임없이 공부해야 한다는 것을 요구한다. 피터 드러커는 리더는 지식인이자 교양인이어야 한다고 주장한다. 이는 말과 아이디어와 개념의 세계인 지식 세계, 일과 행동과 인간관계의 세계인 경영 세계를 동시에 이해하는 새로운 교양인을 말한다. 즉, 현실적인 지식인이자 사물을 전체적으로 보는 사업가이자 세계적 교양을 갖춘 행동인이어야 한다. 사물을 폭넓게 보는 것, 특히 역사의 여러 측면과 고전에 관심을 갖고 현재를 보는 것이 중요하다. 나아가 동서양의 문화, 종교, 예술, 전통도 아는 글로벌 인간이어야 한다.

리더는 지식의 스펀지가 되어야 한다. 리더는 적응해야 한다. 리더는 열 우물을 파야 한다. 리더는 과거에 얽매여서는 안 된다.

리더가 세계적이라는 말은 세계를 지배한다거나 세계적으로 유명하다거나 하는 의미가 아니라 세계적인 보편성을 갖는다는 것이다. 간디는 세계의 모든 종교를 인정했다. 그는 전 세계 모든 위대한 종교가 전하는 근본 진리를 믿었다. 또한 모든 종교는 하느님이 주신 것이며, 그런 종교를 계시받은 민족에게 필요했던 것이라 믿었다. 다른 종교의 경전을 그 종교를 믿는 이들의 입장에서 읽는다면 모든 경전이 근본에서 하나이며 서로서로 보탬이 된다는 것을 알게 될 것이라고 했다.

그는 세계는 여러 기관을 갖는 인체처럼 그 하나의 기관이 고통을 당하면 인체 전체가 고통을 당하듯, 어느 지역이 고통을 당하면 세계가 고통을 받는다고 했다. 그는 비폭력에 근거한 세계연방을 꿈꾸었다. 그는 탐욕이 없다면 무기가 필요할 일도 없고, 비폭력 원칙은 어떤 형태의 착취 행위든 완전히 포기하길 요구한다고 보았다. 착취하려는 마음이 사라지면 무기는 귀찮은 짐으로 여겨질 것이지만 이 세계의 모든 민족들이 서로 착취하는 일을 멈추지 않는 한, 진정한 무장 해제는 이루어질 수 없다. 그는 참된 민주주의는 오로지 비폭력을 통해서만 얻어질 수 있다고 믿었다. 세계연방이라고 하는 구조물 또한 오로지 비폭력의 바탕 위에서만 세워질 수 있다. 따라서 세상에서 폭력은 완전히 사라져야 한다고 했다.

| 에필로그 |

진실한 철학이 있는 리더를 기다리다

간디는 1869년 인도에서 태어나 1948년에 숨을 거둔 인도인이다. 79년을 살았으니 당시의 인도 국민 평균수명에 비하면 두 배 정도 오래 산 셈이다. 그러나 이는 그가 특별히 잘 먹고 잘산 탓이 아니다. 도리어 그는 인도의 평균적 국민처럼 소량의 채식을 먹고 살았다. 굶주린 것은 아니었지만 값비싼 음식을 먹은 것은 아니었다. 그리고 평생 집이 없었던 것도 인도의 가난한 국민과 같았다. 젊은 시절을 제외하고는 천 조각 하나를 걸치고 살았다는 점에서 같았다.

그가 태어날 때 인도는 영국의 식민지였다. 그러나 그와 인도인의 노력으로 그가 죽기 1년 전에 독립했다. 그래서 인도에서는 그를 '국부'라고 부른다. 그러나 간디가 꼭 없었다고 해도 인도는 독립했을 것이다. 간디가 독립운동에 참여하기 수십 년 전부터 독립운동이 벌어졌고 간디와 함께한 많은 인물이 있었기 때문이다. 이런 가정이 무의미하지만, 간디를 인도 독립의 아버지라는 차원에서만 생각할 수는 없다는 점에서 전혀 의미 없지는 않다.

인도에서는 보통 간디를 바푸(아버지), 간디지(간디 선생님) 또는 마하트마(위대한 영혼)라고 부른다. 흔히 간디를 마하트마 간디라고 하지만 이는 간디의 본래 이름이 아니다. 간디를 마하트마라고 부르는 것은 그를 국부로 존경하는 의미 때문이다. 하지만 무엇보다 그가 평생 욕심을 버리고 진실을 추구한 사람이기에 그렇게 불렸을 것이다. 그런 점에서 그는 이 세상 여러 나라의 많은 국부를 비롯한 수많은 영웅호걸이나 위인들과 다르다. 조국의 독립을 쟁취하는 애국자는 흔히 정치가나 혁명가, 웅변가나 장군이지만 간디는 그 어느 쪽도 아니다.

그의 모습만 봐도 당장 그 차이를 알 수 있다. 그를 경멸한 영국의 정치가이자 군인이었던 처칠이 그를 '반라(半裸)의 걸승(乞僧)'이라고 비웃었듯이 그는 평생 반쯤 벗고 싸구려 철사 줄 안경을 쓰고 오두막에서 아무것도 없이 살았다. 오로지 진실만을 추구하며 살았다. 그리고 진실의 인도가 허위인 대영제국을 눌렀다. 진실한 간디가 거짓의 처칠을 누른 것이다.

그러나 '진실을 추구'한 정치가라니, 말이 되는 이야기인가? 우리가 현실이나 역사에서 보는 정치가란 오히려 '거짓을 추구'한, 그것도 극단적이고 다반사로 거짓을 추구하는 자들이 아닌가? 믿지 못할 직업의 대명사가 정치가가 아닌가? 그래서 그런지 우리에게는 간디 같은 국부가 없다. 하다못해 거짓을 추구한 국부조차 없다. 우리의 독립은 우리 스스로 쟁취하지도 못했으니 국부든 국모든 없는 것이 어쩌면 당연할지 모른다.

왜 우리에게는 간디가 없었는가? 식민 침략자가 소위 민주주의 영국 신사가 아니라 그 악독한 야만의 전체주의 일본인인가? 물론 어느 정도 차이는 인정해야 할지 모르나 영국이나 일본이나 제국주의 침략자였음에는 다름이 없다. 일본은 영국에서 그 제국주의 침략 술책을 배웠다. 지금까지도 크게 다름이 없다.

게다가 우리는 일본이 침략해 강요한 방식대로 지금도 살고 있다. 입으로는 일본을 욕하면서도 사실은 일본처럼 살고 있다. 식민지 인도에서는 침략자 영국이 강요하는 대로 살지 않겠다고 해서 간디와 같은 사람이 나올 수 있었으나 식민지 조선에서는 그렇지 못했다.

따라서 지금 이 땅에 간디 같은 사람이 있어도 더러운 정치를 개혁할 수 없다. 개혁은커녕 그 정치를 가까이 한 순간부터 그 자신이 더러워질지도 모른다. 우리나라 사람들은 정치에 관심이 많은데도 왜 이러한가? 그야말로 누구나 정치를 하기 때문인가, 아니면 정치라는 게 저 옛날부터 오로지 입신출세의 지름길이 되었기 때문인가. 어디 정치뿐 그런가? 정치만이 아니라 그 어떤 영역에서도 욕심을 버리고 진실을 추구하는 사람이 발붙일 수 없다면 이 나라에는 아무 희망이 없다.

이제 우리에게는 간디 같은 정치가, 간디 같은 경영인, 간디 같은 교사, 간디 같은 리더가 필요하다. 간디를 '반라의 걸승'이라고 비웃은 처칠은 뚱뚱하고 난폭하다는 점에서 리더일 수 없다. 처칠의 무자비함, 고집, 냉소주의, 건방짐은 초기 자본주의 시대에는 인정받을 수 있어도 오늘날에는 설령 성공한다고 해도 오래가지 못한다.

세계적으로 처칠 같은 제국주의 군인이 환영받는 시대는 이미 지났다. 마치 박정희나 전두환 같은 군인들의 시대가 지난 것처럼 말이다. 물론 영국이나 다른 나라에 아직도 처칠 같은 사람을 좋아하는 사람들도 많고, 우리나라에도 박정희 등을 그리워하는 사람들도 많다. 그러나 그들이 다시 등장하기란 옛날처럼 쉽지는 않을 것이고 쉬워서도 안 된다.

물론 간디 같은 경영자나 정치가가 반드시 환영받는 시대가 왔다고는 생각되지 않으나 그런 시대가 바람직한 것은 두말할 필요도 없다. 특히 그런 경영자는 물론 정치가의 씨가 마른 듯한 우리나라에서 그렇다. 경영자나 정치가가 간디의 삶과 생각을 조금이라도 닮으려고 노력했다면 우리 시대의 우리나라는 이렇게까지 타락하지 않았을 것이다. 이는 앞으로도 마찬가지다.

그러나 훌륭한 경영인이 목표로 삼는 돈을 많이 버는 것과 간디는 전혀 무관하다는 점을 분명히 알아야 한다. 간디는 돈을 최고 가치로 삼는 자본주의에 반대했다. 소유를 최고 미덕으로 삼는 자본주의에 반대해 철저한 무소유로 살았다. 그리고 간디는 어려서부터 사소한 거짓말이나 커닝을 하지 않는다고 하는 매우 단순한 개인적 진실의 추구로부터, 커서는 서양의 거짓된 자본주의 제국주의 문명을 따르지 않는다고 하는 사회적 진실 추구에까지 평생을 진실 추구로 살았다. 그에게는 거짓말이나 서양 제국주의 문명이나 마찬가지로 사악한 것이었다. 그는 인도가 영국에서 독립해야 하는 이유를 애국심에서 찾은 것이 아니라 영국이 거짓 서양 제국주의 문명의 상징이라는 점에서 찾았다. 즉, 그가 거부한 것은 영국이 아니라 서양 제국주의 문명 자체였다.

그래서 간디의 비폭력은 수동적이고 무기력하며 소극적인 무저항과는 본질적으로 다른, 도리어 더욱 적극적인 것이다. 그것은 모든 법률을 거부하고 모든 폭력을 배제하며 모든 식민 제국의 행정 활동에 협력하지 않는 것이었다. 요컨대 서양적이고 근대적인 모든 문명을 거부하고 지역 자치를 중심으로 새로운 사회를 형성한다는 것이었다.

이렇게 생각하고 살았던 간디는 위인인가? 이 질문은 어리석다. 그가 위인이 아니라고 할 사람은 이 세상에 아무도 없기 때문이다. 그러나 그는 보통의 위인과는 너무나 다르다. 우선 어려서부터 지극히 평범한 사람이었다. 식민지 시대이니 어려서부터 침략국 영국이나 영국인에 대한 증오가 남다를 수도 있으련만 전혀 그렇지 않고 도리어 영국과 영국인을 너무나도 좋아했다. 우리는 그렇지 않은 우리식 위인전에 젖어 간다가 이상하게 보일지 모르지만 사실은 간디가 정상일지 모른다.

간디는 완벽한 사람이 아니다. 진실 추구자로서 그는 부질없는 고집도 부렸고 자기 친족은 물론 가족까지도 돌보지 않아 장남까지 알코올 중독자로 죽게 했다. 그래서 그의 인생은 어쩌면 실패일지도 모른다. 그에게는 결함과 약점도 많았다. 그는 스스로 완벽한 사람이라고 말하지도 않았고, 완벽함을 추구하지도 않았다. 그렇기에 나는 오히려 그가 좋다.

간디의 '진실 추구'는 무엇보다도 그 미소, 그 아기와 같은 미소로 증명된다. 그는 언제나 유쾌한 사람이었고 유머를 즐기는 순진한 장난꾸러기 같았다. 그는 우리의 선생님이나 할아버지처럼, 특히 정치가나 군인처럼 전혀 근엄하지 않았다. 물론 그 미소는 정치적이거나 사교적인 미소도 아니었다. 평생 진실을 추구한 사람의 파안대소이자 조용한 미소였다. 그런 유머와 미소는 그의 말이나 글, 특히 『자서전』에 그대로 나타난다.

간디는 욕심을 버리라고 한다. 개인도, 사회도, 나라도 욕심을 버리라고 한다. 개인이 남을 해쳐서는 안 되듯이 나라도 다른 나라를 침략해서는 안 된다. 따라서 처칠의 대영제국이란 악이고 거짓이다. 거짓말을 해서 안 되듯이 대영제국에 맞서 싸우는 것이 간디에게는 진실에 대한 추구일 수밖에 없다. 아무리 곧은 선비라고 해도 일제에 맞서 싸우지 않은 이상 허위에 맞선 선비라고 할 수 없다.

간디는 개인적인 차원만이 아니라 사회적인 진실을 추구한 사람이기에 위대한 영혼이다. 그가 거짓말이나 거짓된 행위를 하지 않아서가 아니라, 그런 행위를 한 것을 솔직하게 인정하고 만천하에 고백하며 그런 짓을 다시 하지 않으려고 노력한 사람이기에 위대하다. 다시 말하면 간디는 처음부터 순결한 영혼이어서 위대한 것이 아니라, 우리처럼 불결한 영혼이었지만 그것을 반성하고 진실하게 살려고 평생 노력했기 때문에 위대하다.

아마도 수만 년 전부터 내려왔을 인도 인민의 옷(옷이라기보다도 한 장의 천)을 걸친 전형적인 인도인 간디는 지금 나에게 이 세상 그 누구보다도 감동을 준다는 이유에서 그는 가장 현대적인 사람이자 세계적인 사람이다. 거짓말을 거부했다는 이유뿐 아니라 거짓된 자본주의 문명을 거부했다는 점에서 그는 평생 진실을 추구한 자로서 누구보다도 현대인이다. 특히 신자유주의라는 이름으로 미국 자본주의가 새로운 제국주의로 창궐하는 지금, 간디는 그 누구보다도 우리의 스승일 수밖에 없다.

이 책에서 내가 다룬 간디의 리더 철학에 대해 선뜻 납득하지 못할 사람도 있을 수 있다. 리더라고 하면 보통 정치가나 경영인을 생각하기 때문이다. 그러나 간디는 역사상의 어떤 정치가나 경영인보다도 훌륭한 정치인이자 경영인이었다. 단, 그는 권력이나 부를 추구하지는 않았기 때문에 정치가나 경영인으로 불리지 않을 뿐이다. 여기에 리더 철학의 패러독스가 있다. 내가 주장하는 리더 철학도 패러독스다. 권력이나 부를 추구하지 않아야 훌륭한 리더로서의 정치가나 경영인이 될 수 있다.

/ 참고문헌 /

- 간디, 『간디 자서전』, 박홍규 옮김, 문예출판사, 2007.
- Government of India, The Collected Works of Mahatma Gandhi, Publications Division.
- D. G. Tendulkar 편, Mahatma, 1~8권, 1960, Publications Division.
- Prabhu & Rao 편, Mind of Mahatma Gandhi, 3판, 1968.
- 라가반 이예르, 『마하뜨마 간디의 도덕 정치사상』 1~6권, 허우성 옮김, 소명, 2004.
- 요게시 차다, 『마하트마 간디』, 정영목 옮김, 한길사, 2001.
- 요르크 치들라우, 『경영자 간디』, 한경희 옮김, 21세기북스, 2004.
- 케샤반 나이르, 『섬김과 나눔의 경영자 간디』, 김진옥 옮김, 씨앗을뿌리는사람, 2000.
- 비노바 바베, 『비노바 바베, 간디를 만나다』, 김문호 옮김, 오늘의책, 2003.
- 칼린디, 『비노바 바베』, 김문호 옮김, 실천문학사, 2000.
- 제프리 애쉬, 『간디 평전』, 안규남 옮김, 실천문학사, 2004.
- 존 디어 엮음, 『내 삶이 내 메시지다』, 이재길 옮김, 샨티, 2004.
- E. M. S. 남부디리파드, 『마하트마 간디 불편한 진실』, 정호영 옮김, 한스컨텐츠, 2011.
- 아마티아 센, 『아마티아 센 살아있는 인도』, 이경남 옮김, 청림출판, 2008.
- 카트린 클레망, 『간디』, 이현숙 옮김, 시공사, 1998.
- 고바야시 가오루, 『피터 드러커 리더가 되는 길』, 남상진 옮김, 청림출판, 2004.
- 이상오, 『리더십 역사와 전망』, 연세대학교출판부, 2008.
- Mahadev Desai, 『With Gandhi in Ceylon』, Ganesan, 1928.
- G. N. Dhawan, 『The Polotical Philosophy of Mahatma Gandhi』, Bombay: The Popular Book Depot, 1946.
- A. Jack Homer, 『The Gandhi Reader: A Source Book of His Life and Writings』, Bloomington, 1956.

/ 간디 연보 /

1869년 10월 2일　구자라트 포르반다르에서 출생
1876년(7세)　라지코트로 이사가 초등학교 입학
1881년(12세)　중학교 입학
1882년(13세)　카스투르바이 마칸비와 결혼
1887년(18세)　대학입학자격시험 합격
1888년(19세)　9월 4일 영국 런던 인너 템플에 유학
1891년(22세)　변호사 자격을 얻고 인도로 귀국. 뭄바이와 라지코트에서 변호사사무실 개업
1893년(24세)　압둘라 회사 초청으로 남아프리카로 감
1894년(25세)　톨스토이를 포함해 종교 서적을 공부하고 나탈 인도인 국민회의 조직
1895년(26세)　이민법안에 반대하는 청원서 제출
1896년(27세)　남아프리카에 장기 체재할 결심을 하고 일시 귀국해 인도에서 남아프리카 인도인을 위해 연설
1897년(28세)　가족과 함께 다시 남아프리카로 감
1898년(29세)　차별법률에 대한 청원서 제출
1899년(30세)　보어전쟁에 간호부대를 조직해 참전
1901년(32세)　다시 남아프리카로 온다는 약속을 하고 귀국해 남아프리카에 대한 결의안을 국민회의에 제출
1902년(33세)　다시 남아프리카로 감
1903년(34세)　요하네스버그에 법률사무소를 열고 주간지 《인디언 오피니언》 간행
1904년(35세)　러스킨 책에 감동해 더반 부근에 자급자족 농원을 건설
1905년(36세)　나탈 인도인에 대한 인두세 징수법안에 반대
1906년(37세)　줄루족 반란에 간호부대를 조직해 참전하고 아시아인 법안에 수정을 탄원하고자 영국에 다녀옴

1907년(38세)	인도인에게 재등록을 하지 말도록 요청. 총파업으로 진실관철투쟁 개시
1908년(39세)	2개월 투옥. 등록증명서 소각 선동. 등록증명서 미소지를 이유로 재투옥
1909년(40세)	다시 두 번 투옥. 영국에 갔다가 돌아오며 『인도의 자치』 집필
1910년(41세)	요하네스버그 부근에 톨스토이 농장 설치
1913년(44세)	진실관철투쟁 재개. 대행진 이후 투옥
1914년(45세)	정부와 협상 타결 후 진실관철투쟁 중지. 런던을 거쳐 인도에 영구 귀국
1915년(46세)	22년 만에 귀국해 사바르마티에 아슈람 개설하고 불가촉민 가족을 받아들임
1917년(48세)	비하르 주 참파란에서 농민해방운동
1918년(49세)	아메다바드의 방적노동자 파업 지원, 케다 소작농민의 진실관철투쟁 지도
1919년(50세)	롤라트 법안에 반대해 전국 파업 지도 후 진실관철투쟁 중단
1921년(52세)	뭄바이에서 영국산 옷을 소각. 비협력운동 추진
1922년(53세)	비하르 주에서 일어난 폭동으로 비협력운동 중단. 투옥되어 6년형 선고
1923년(54세)	교도소에서 『남아프리카의 진실관철투쟁』 집필
1924년(55세)	1월에 맹장 수술 후 석방. 힌두, 이슬람 일치를 위한 21일 단식
1925년(56세)	콜카타 폭동 해결. 11월 말에 『자서전』 집필 시작
1927년(58세)	카디를 위해 전국 일주
1929년(59세)	『자서전』 완성
1930년(61세)	단디 해안을 향한 소금행진 시작
1933년(64세)	불가촉제도 해소를 위해 《하리잔》 창간
1936년(67세)	왈다 부근 세바그람에 아슈람 개설
1941년(72세)	개인적으로 진실관철투쟁 시작
1942년(73세)	영국 정부에게 인도를 떠나라고 최후통첩
1944년(75세)	아내 사망
1946년(77세)	힌두교도와 이슬람교도 사이의 종교분쟁을 해결하기 위해 동뱅골과 노아카리 지역을 방문해 해결
1948년(79세)	1월 30일 저녁 델리 비르라에서 힌두교도에게 암살됨

KI신서 4546
리더의 철학

1판 1쇄 발행 2012년 12월 10일
1판 2쇄 발행 2013년 5월 21일

지은이 박홍규
펴낸이 김영곤 **펴낸곳** (주)북이십일 21세기북스
부사장 임병주
출판사업부문 총괄본부장 주명석 **MC기획1실장** 김성수 **BC기획팀장** 심지혜
책임편집 조유진 **디자인 표지** 씨디자인 **본문** 네오북
마케팅영업본부장 이희영 **영업** 이경희 정병철 정경원
광고제휴 김현섭 강서영 우중민 **프로모션** 민안기 최혜령 이은혜
출판등록 2000년 5월 6일 제10-1965호
주소 (우 413-756) 경기도 파주시 회동길 201(문발동)
대표전화 031-955-2100 **팩스** 031-955-2151
이메일 book21@book21.co.kr **홈페이지** www.book21.com
21세기북스 트위터 @21cbook **블로그** b.book21.com

ⓒ 박홍규, 2012

ISBN 978-89-509-4503-9 03300
책값은 뒤표지에 있습니다.

이 책 내용의 일부 또는 전부를 재사용하려면 반드시 (주)북이십일의 동의를 얻어야 합니다.
잘못 만들어진 책은 구입하신 서점에서 교환해 드립니다.